学力観を問い直す

国語科の資質・能力と見方・考え方

信州大学教授 藤森裕治

明治図書

はじめに

本書の目的は、新しい学力観を構成する次の用語についてはっきりと定義し、その扱い方について可能な限りわかりやすく、具体的に説明することです。

○資質・能力
○知識及び技能
○思考力、判断力、表現力等
○学びに向かう力、人間性等
○国語科教育における見方・考え方

本書では、国語科教育で扱う言語そのもの、言語生活・言語活動、言語作品・言語文化・言語人格などを総称して、「**ことば**」と記します。そのため、文章中では、この用語の使い方にゆれがあります。必要があってのことですのでご容赦ください。
前置きはこのぐらいにして、さっそく議論を始めます。引用文献は本文に埋め込みますので、よろしくお願いいいたします。

藤森ゆうじ

目次

第2章 三つの学力を〝ドライブ〟で紐解く

第3章 三つの学力はどう育てるのか

第4章 「見方・考え方」を〝家を建てる〟ことで紐解く

新しい学習指導要領では，これまで能力と呼んでいた学力観に「資質」ということばが加わりました。それは我々にどのような学力観の更新を求めているのでしょうか。第１章ではこの大前提となる問いについて考えます。対象を我が国の教育に限定せず，特定の教科や学校にも限定せず，発達心理学的に考えます。

第１章

「資質・能力」とはどういう学力か

▼一▲「資質・能力」はどう定義されるのか

平成二十九年三月に告示された新しい学習指導要領（小学校・中学校）では、子供たちに育てるべき学力を「資質・能力」としています。「資質・能力」について、中央教育審議会答申（第五章）では、次の三つの要素が複合した学力であると説明しています。

①　何を理解しているか、何ができるか（生きて働く「知識及び技能」の習得）
②　理解していること・できることをどう使うか（未知の状況にも対応できる「思考力・判断力・表現力等」の育成）
③　どのように社会・世界と関わり、よりよい人生を送るか（学びを人生や社会に生かそうとする「学びに向かう力・人間性等」の涵養）

このうち①だけが学力の柱であるとすれば、「能力」の一語で説明できます。しかし、中教審答申では、②や③に挙げられた「未知の状況にも対応できる力」や「学びに向かう力・人間性等」をも学力に含めています。これらにかかる学力は、子供の内面に育つべき自信や情意、態度（非認知的能力と言います）などをも含むので、「能力」だけで片づけることはできません。そこで新たに「資質」という言葉がつけ加えられたわけです。

中教審答申では、「資質・能力」は一体化した学力であり、それぞれに分けて捉えることはできないとしています。行政の用語なので、そのことは踏まえなければなりません。とはいえ、「・」で区分けされている以上、二つの用語それぞれが示す意味については、把握しておきたくなるのが人情というものです。

まずは従来の学習指導要領でも取り上げている「能力」について定義してみましょう。『新明解国語辞典第七版』（三省堂）では、「能力」をこう説明しています。

> 特定の仕事を為し遂げることが出来るかどうかという観点から見た、その人（物）の総合的な力。

国語科で言えば、語彙や文法に代表されることばに対する知識、ことばを用いて情報を受け取ったり整理したり発信したりする技能、また、ことばによって理解し、思考し、判断し、表現する一連の行為をすみやかに、なめらかに、そして豊かになし遂げるための諸条件を指します。

『ジーニアス英和辞典第四版』(大修館書店)によれば、英語で「能力」にあたる表現には ability, capacity, competence, gift, skill, talent, power などがあります。同書の解説を参考にこれらの使い方をまとめると、次のようになります。

ability:「能力」を表す最も一般的な語。人や動物の先天的能力と後天的能力の両方を含むが、どちらかというと後天的能力を指すことが多い。
capacity:人だけでなく物に対しても使うが、潜在能力のみについて言う。
competence:あることをなすのに必要な力や適性。
skill:ある事柄に対する熟練の程度や技術。
talent:先天的能力を指す一般的な語。gift は talent よりさらにすぐれた天賦の才能を言い、特に芸術や学問の分野の才能に対して使う。

power：知力・体力などについての潜在的な実行力。

このように、「能力」を表す語は、先天的か後天的か、潜在的か顕在的か、与えられた才能か努力のたまものかといった観点から使い分けられているようです。

それでは「資質」という言葉について定義してみましょう。前掲の国語辞典では「資質」を次のように定義しています。

生まれつきの性質や才能。

英語では前述の talent や gift がこれに充てられ、先天的能力として理解されています。また、disposition や quality、potential もよく使われ、「気質・性質・特性」などと訳されています。

これらの語義を見て、困惑しませんか。どれを取っても「資質」は**生まれながらにしてその人に備わっているもの**であることを示しています。つまり、「資質」は学校で子供と対面したときにはすでにあるわけです。ということは、「資質・能力」と呼ばれる学力の中には、子供たちが先天的にもっている要素があることを意味します。

この定義を聞いて、読者のみなさんはこう叫びたくなるはずです。

生まれつきの学力？　それでは手遅れではないか！

この逆説に対する本書の考えは次の節で述べるとして、中教審の答申内容と先の辞書的定義とを重ね合わせ、「資質・能力」をとりあえず次のように定義しておきます。

資質：基本的に子供たちが先天的に備えている性質や特性として、自ら学びに向かい、人間的に成長するための内面的諸条件。
能力：自ら学びをなし遂げるために獲得され活用されるべき知識及び技能、思考力、判断力、表現力等。

▼二▲　目指す姿は何か

さて、先ほどの逆説について本書の考え方を示しましょう。

人生の中で、人が最も急激に成長するのは何歳か？

以前、ヴィゴツキー心理学の権威である田島信元先生（白百合女子大学）から出された問いです。皆さんは何歳から何歳までだと答えますか。

正解は**〇歳から一歳までの一年間**、正確には生後八か月から一歳までの四か月間です。人間の子供は、生まれ落ちてからものすごい勢いで成長していきます。一年後に体格は倍になり、歩き始める子供もいます。脳の発達はすさまじく、置かれた環境を理解し、泣く、笑う、喃語《なん》で話すなどのコミュニケーション・ツールを駆使して、生きるすべを獲得していきます。この時期の脳は大人よりも正確に人の顔を識別し、あらゆる言語の発音を聞き分けることができるそうです。脳の神経回路シナプスは、大人の一．五倍あります（小西行郎『赤ちゃんと脳科学』集英社、二〇〇三年）。

あらゆる言語の聞き分け能力は、三歳ぐらいまで残っています。しかし、母語を獲得するのに伴い、聞き分ける必要のない音の識別能力は減退していきます。日本語は少ない音韻で構成される言語の代表格ですので、子供たちが園庭で活発に遊ぶ頃には Read と Lead、Sing と Thing が同じ発音に聞こえる脳になってしまいます。

生まれてから数年間、子供は成長への意欲にみなぎっています。子供は自ら世界を知り、三年もすればいっぱしの憎まれ口をきくようになりますし、身の周りの事象をメタレベル（一段高い次元）で観察・評価することもできるようになっています。

個人的な話で恐縮ですが、私には二歳になった時分のこんな記憶があります。春の午後でした。あちこち自分で歩き回れるようになったのがうれしくて、冒険してみたくなったのでしょう。一人で往還に出てしまいました（当時、車の通りはごく少なかったのです）。ところが、まだ舗装されていない道の真ん中で、私は転んでしまいました。ぜんぜん痛くありませんでしたが、一応大事件です。「こういうときは、かあちゃんを呼ぶものだ」と判断し、甲高い声で泣きました。私は、このときすでに、自分が感情の高まりや痛みには関係なく泣きわめくことができ、その声を母親が聞きつけると自分のところへやってくることを知っていました。まもなく、エプロン姿につっかけを履いた母がとんできました。地面からその姿を見上げて、私はこう思っていました。

「泣き声ってやっぱりすげえ。すぐにかあちゃんがやってきた」

これを読んだ読者のみなさんは、そんなに古い記憶が残っているはずがないと思うかもしれません。しかしこれだけははっきりと残っている記憶で、決して創った話ではないのです。


幼い子供たちは、後天的に獲得される知識や技能を十分に備えていません。だから未熟に見えます。しかしながら、びっくりするほど早い段階からことばを理解し、自己内対話を始めているはずです。

幼い頃、すさまじい成長をなし遂げていく脳は、年齢を重ねるにつれ、その活動を制御するようになります。制限せずに働かせ続けると、脳はオーバーヒートを起こして若年性アルツハイマー病を発症してしまうからだと考えられています。

人は生まれ落ちたときから、いや生まれ落ちたそのときこそ、心身ともに成長したいという本能的な欲求がある。

この認識こそ、天性の素質を意味する「資質」の基本的な前提です。この前提に立てば、もはや「子供たちをアクティブにさせる」などという考え方は成り立ちません。自ら成長しようとする能動性から見れば、我々大人は子供たちにかないません。いわば、「とうがたった」存在です。そう自覚すると、アクティブ・ラーニングのあるべき姿に対する認識が変わります。**本来アクティブに学び成長しようとする子供の意欲をそぐことなく、子供の心の声に寄り添うこと**が、アクティブ・ラーニングのあるべき姿なのです。

もとより我々大人には、人生を歩む中で蓄積してきた経験と知恵があります。それらを惜しみなく提供して、子供たちに備わっている学びへの能動性が減退しないよう寄り添うこと。これが「資質・能力」という学力観が目指す教師の姿です。

▼三▲　学びへの能動性はどう育てるのか

それでは子供の学びへの能動性を育てるために、我々はどんなことを心がけたらよいのでしょうか。

この問いに答えるための事例として、フランスにある**フレネ学校**を紹介します。

フレネ学校

フレネ学校とは、第一次世界大戦時代に小学校の教師だったセレスタン・フレネ（Celestin Freinet）が、一九三五年に創設した公立学校（現在は国が予算措置をしています）で、南フランスのヴァンスという町にあります。この学校の独特な教育システムは、創設者の名にちなんでフレネ教育と呼ばれています。

なだらかな丘の南斜面、眼下に遠くニースの町と地中海を望む高台に、白い壁と水色の窓枠に彩られた校舎が建っています。ここに三歳から十一歳の子供たち約七十名が通っています。学級編成は三歳から五歳、六歳から八歳、九歳から十一歳の複式学級がそれぞれ一つずつ、正規教員は三人です。

フレネ学校、すなわちフレネ教育には、学びへの能動性を育てる上で目を見張るような特徴が五つあります。

一つ目は**豊かな自然環境の中で子供を育てること**です。小さな学校でありながら、広大な敷地には様々な樹木と草花が育ち、急勾配の北斜面には洞窟、その下には清冽な谷川があります。子供たちは、敷地内にある自然を舞台に、そこで遊んだり身体を鍛えたり、作物を育てたり、訪問する野鳥のための水飲み場をこしらえたりします。

二つ目は、**自由作文**という課題です。この学校では、午前中、すべての学級の子供たちに自由作文の発表が課されます。作文は前日あったこと、趣味、考えていることなどを、何でも書いてよいことになっています。それをみんなで輪になって聴き合い、互いに質問したり、意見を述べたりします。

驚くべきことに、この学びは幼児学級でも行われます。まだ文章を書くことのできない子供は、自分が描いた絵を掲げてそこに何を描いたのか発表します。幼いときから自分のことばがパブリックな場で扱われる経験を重ねていくわけです。

三つ目は**学校印刷機と自由テキスト**です。活版印刷機を使って、子供たちの作文は活字にされます。それを印刷して共有し、彩色をしたり、絵を添えたりします。子供たちの書いた作文が教材として扱われるわけです。できあがった作品は集めて製本され、訪問者に販売されます。収益は学校の運営資金として活用されます。つまり、子供たちの学びは社会的な経済活動として展開しているのです。まさに「実の場」です。

学校印刷機

四つ目は**自主カリキュラム**です。午前中を自由作文の発表で過ごした子供たちは、午後になると自分で決めた時間割に従って学びます。幼い子供たちは粘土をこねたり絵を描いたり、文字を習ったり外遊びをしたりして過ごします。中学年になると理科や算数、国語や社会などの勉強が本格的に行われます。教師は子供たちが気持ちよく学ぶことができるように、教室空間をいくつかの活動ブースに分け（これをアトリエと言います）、豊富な道具やテキストを準備します。

自主的に組み立てられるのは時間割だけではありません。子供たちは、数ある素材の中から自分で必要なものを選び、学びます。もちろん、教師の助言を受けながら進めていきますが、教師が一方的に押しつけることはありません。子供の知的好奇心を全面的に信頼しています。

四つの特徴が示すように、フレネ教育には、子供が自然に成長していく力をもっていることへの絶対的な信頼があります。教師は教え導くのではなく、**子供が自ら学ばないではいられない、成長せずにはいられない環境づくりに配慮すること**が最も大切だという信念に貫かれています。

そんなことをしたら、学校は身勝手で無秩序な世界になってしまうのではないかという心配が聞かれそうですが、実はフレネ学校の生活では、かなり厳密な決まりが守られています。たとえばサッカーで遊べるのは火曜日だけ、午前の学びの終わりは構内を清掃すること、お昼は整列してランチ・ルームに行くことなど、管理主義の行き届いた日本の学校のような決まりがそこらじゅうにあります。

これが五つ目の特徴です。

これらの決まりは子供たちとの話合いによって、子供たちが自ら選ぶかたちで自治的に決められています。この自治的な集まりを**学級協同組合**と言います。ある決まりがみんなに承諾されたら、それを守るのは自分たちの誇りだという雰囲気に満ちています。だから清掃当番に用具を貸し出す係の仕事は、上級生でないと務めることのできない名誉ある職だと言って、我々を案内した子供たちは胸を張っていました。

フレネ学校の訪問中、私が最も心惹かれたのは、この学校の入り口にある巨木でした。立派な横枝があり、その上に乗ると気持ちのいい見晴らしが開けます。けれども横枝はジャンプをしてもなかなか届きません。まだ登れない子供たちは、暇を見つけては手を伸ばして跳び上がっていました。この木はヴィゴツキーの言う**発達の最近接領域**を体現しているのです。

パパ・フレネの木

それでも高学年になれば、多くの子供が登れるそうです。そのときかれらは自らの成長を実感し、やがてこの学舎を巣立っていきます。

この木の名前はパパ・フレネ。子供たちの自然な発達を活かすことに人生を捧げたセレスタン・フレネの木です。

フレネ学校の教育理念とシステムを実践する学校は世界各地に

あります。フランスでも国内10％の小学校はフレネ教育を実践しています。日本でも、たとえば埼玉県のけやの森学園など、法人としてこれを行っている組織はいくつかあります。フレネ教育をわかりやすく知りたい人は、セレスタン・フレネ『言語の自然な学び方』（里見実訳、太郎次郎社エディタス、二〇一五年）がお勧めです。

四　評価観はどうなるか

幼い子供に備わった資質が成長への能動性、知的好奇心にあふれていると自覚すると、「資質・能力」に対する評価観は大幅な見直しをする必要があります。子供は未熟な存在で大人からの教えと導きによって初めて学びへの意欲が生まれるものだという思い込みは、捨てるべきです。このことを理解するうえで、印象的なエピソードを紹介しましょう。

舞台は、私が十二年にわたって訪問調査を続けているイギリスの小学校です。その名をロックザム初等学校（The Wroxham Primary School）と言います。四歳児から十一歳児まで二四二名の子供たちが通う小規模の公立学校（イギリスは幼小併設が一般的）です。この学校は、子供の学力を**変容可能性**（transformability）と名づけ、能力主義的な評価観とは対極の理念を実践する学校として、全英に広く知られています。ちなみに、二〇一五年に開校したケンブリッジ大学附属小学校の教育方針は、この学校がモデルになっています。

エピソードの主人公は、幼年学級に通っていたフェイ（仮名）という女の子です。彼女は、自宅では親と一緒に文字を書くことができましたが、学校では何も書こうとしませんでした。書けないのではなく、学校では書く気がわかないようなのです。

けれども先生方は、彼女に文字を書かせようとやっきになることはありませんでした。内に秘められた成長への能動性、知的好奇心に火が点けば、自然に書き出すに違いないと信じていたからです。そして、どのようなきっかけが彼女自身の書きたいという気持ちをくすぐることになるのかみんなで考えながら、彼女を見守り続けました。

ある日、担任のサラ先生と校長のアリソン先生は、こんなアイデアを思いつきました。クラスの中に郵便ポストを作ることにしたのです。そしてアリソン校長先生から子供たち一人一人に向けて、手紙を書いて投函することにしたのです。

校長先生から自分宛の手紙が届いた子供たちは興奮しました。フェイもまた、例外ではありません。子供たちは返事を書いてポストに投函しました。アリソン先生はそれに返事を書くという要領で、学校内での文通が始まりました。フェイも返信しましたが、その中身は文字ではなく、絵でした。アリソン校長はフェイから届いた絵を校長室の壁に貼り、それを写真に撮ってフェイに送り返しました。

そうして何週間か経ったときのこと、ついにフェイからアリソン校長に文章で書かれた手紙が届いたのです。それは、アリソン校長が猫の写真を同封した手紙をフェイに送り、あなたも何か飼っていないかと尋ねたのがきっかけでした。

手紙にはこう書かれてありました。

だいすきなピーコックこうちょうせんせいへ
わたしのうちはダイナとピップという二ひきのねこをかっています
フェイより　あいをこめて

この出来事をきっかけに、フェイは学校でもどんどん文章を書くようになったのです。

右のエピソードは、「資質・能力」を評価することについて考えるうえで、重要な示唆を与えてくれます。

一つは、前に述べたように**子供の内面は成長への能動性と知的好奇心**（以後この意味で「変容可能性」とします）**に満ちている**ということです。ただしそれが学校で現れるには、二つの条件があるように思われます。

条件の一つは、**変容可能性を触発する状況の創造**です。フェイの場合は、校長先生との文通、そして飼い猫についての問いかけがこれにあたります。実在する大人との実生活にもとづく文通は、誰に何のために書くのかという必然性をもたらしたことでしょう。

条件の二つ目は、**変容可能性をはばむ要因の除去**です。以前、幼児教育の専門家である白川佳子先生（共立女子大学）にフェイの話をしたところ、彼女にはつたない文字を人目にさらして恥をかきたくないという思いがあったかもしれないというコメントをいただきました。なるほどと思いました。どんなに幼い子でもプライドはあります。幸い、文通は個人と個人との私的なやりとりです。フェイは、担任のサラ先生やアリソン先生が自分を大切にしてくださることを知っています。どんなにへたくそな文字で綴っても、アリソン先生は喜んで読んでくれる。その確信が変容可能性への封印を解いたのです。

もう一つの示唆は**子供の自律的な成長を信じることの大切さ**です。どんな課題を出しても何も書こうとしない子供がいたとき、我々は、「この子は書く力が育っていないのではないか」と考えます。そして、その子のために特別な指導方法を考えることでしょう。

この働きかけは、もちろん無価値ではありません。当の子供は自分が大切にされているという感覚を覚えるはずです。フェイが自宅でも文字を書こうとしない子であったなら、ロックザム初等学校でも彼女のための特別な手立てを考えたかもしれません。

ただし、ロックザム初等学校では、どういうアプローチを選択する場合でも、そこには子供は自ら成長するものだという信念、言い換えれば評価観があることに注意しなければなりません。この学校では、子供たちが教師の顔色をうかがうような学習は注意深く避けられます。子供が自ら学びを創造することのできる場の設定に全力で取り組みます。

以上をまとめると、こうなります。

子供の変容可能性を信じること。子供の成長を背後から見守り、彼・彼女が自ら学ぼうとするタイミングの到来を待つこと。

以前、アリソン先生に「たくさんいる子供たちの中で、特別な配慮をする必要のある子はどうやって見つけるの」と尋ねたら、彼女は真顔で「一人残らずよ！」と答えました。その子のよさを見出し、どのような場を提供すれば本来備わっている変容可能性に火が点くか、教員スタッフ全員で考えながら、子供たちの声に耳を澄ませる。これは並大抵の努力ではありません。もとより時間はかかります。ときには待ちくたびれるかもしれません。けれども「資質・能力」の評価とはそういうものなのです。

五　「資質・能力」の評価はどうすればよいのか

それでは、変容可能性としての「資質・能力」はどう評価すればよいのか。この問題を考えるために、もう一つ、ロックザム初等学校で起きたある事件を紹介します。

その日、五年生のクラスは担任のジョー先生が出張しており、代わりにN先生が授業をしていました。事件は午後の授業で起きました。リーダーシップを発揮したがるけれど、ささいなことでキレやすいデレク（仮名）という男の子が、ありったけの罵詈雑言を叫びながらトイレに立てこもり、内側から鍵をかけてしまったのです。

副校長のサイモン先生からの粘り強い説得に応じてトイレから出てきたデレクは、先生から「いったい何があったのか、冷静になって書いてごらん」と穏やかに諭されました。

すると彼は、こんなことを書きました。どうやら臨時担任のN先生といさかいになり、それが彼の激情というピストルの「トリガー（引き金）」を引いてしまったようです。

ミセスN先生への不満

僕はN先生に上品で思慮深い話し方をしてもらいたい。
僕はN先生に二度と教えてもらいたくない。
僕はN先生に勉強をせかさないでもらいたい。
僕はN先生に一度でいいからよい先生になってもらいたい。
僕はN先生に他人のことをもっと注意深く考えてもらいたい。
僕はN先生に小さな子どもたちはすぐにカッとなることをわかってほしい。……

自分の思いを書き終えて落ち着きを取り戻したデレクは、教室に帰って級友やN先生に謝りたいと言いました。他のスタッフは、デレク事件がひとまず収まったことに胸をなで下ろしました。何しろこの学校にトイレは二か所しかありませんでしたから。

翌日、アリソン先生はデレクと膝をつき合わせて話し合いました。先生は過激な行動がどうして受け入れられないかを丁寧に説明した後、彼がどう言うか耳を傾けました。

デレクは昨日のことを次のように語りました。

授業の終わり頃でした。僕は、課題が早く終わったから自分の好きなことをしようとしていたんです。そうしたらN先生が来て、来週の授業でパンを作るのに必要だからレシピを書き写しなさいと指示したんです。僕はそれが時間の無駄に感じられたからやりたくありませんと言いました。そうしたらN先生は、とても強い言い方で、書き写しなさいと僕に命令してきて、それで僕はカッとなったんです。僕が大騒ぎをしたことは受け入れられるものではありません。それについては反省しています。でも、あのとき僕は余った時間を自分の好きなことに使いたかったんです。N先生はそれを許してくれず、僕から自由を奪ったのです。この点は僕は悪いと思っていません。

自分の行動については反省するけれど、教師が子供から自由を奪うのはこの学校の理念にもとるというわけです。デレクの言い分に耳を傾けながら、アリソン先生は非常に繊細な対応が必要だと認識しました。そして、どのようなアプローチが彼の成長にとって必要なのか、担任のジョー先生と相談しました。

そうしてジョー先生とアリソン先生が思いついたアイデアは、デレク自身に授業を担当させ、先生としての立場を経験させることでした。

アリソン先生はデレクにこう提案しました。もとより「指示」ではありません。

「よかったら今度、あなたが先生になって授業をやってもらえないかしら。」

デレクは大喜びでこの提案を引き受けました。彼は、一週間かけて授業作りの準備をし、級友の前に立ちました。アリソン先生は生徒役として彼の授業に参加しました。

デレクがプロデュースした授業は詩の創作でした。もともと詩が大好きだったデレクにとって、自分が先生として教壇に立ち、みんなの創作活動を演出するのは実に幸福な時間だったことでしょう。けれども、アリソン先生たちがデレクに授業を担当するように声をかけた真の意図は、彼にひとりよがりな満足感を与えるものではありませんでした。

授業の後半、アリソン先生は手を挙げ、デレク先生にこう尋ねています。

「先生、私は詩を作り終えてしまいました。残った時間は何をすればいいですか？」

かつてデレクがN先生とトラブルになった場面の再現です。これがアリソン先生たちの配慮でした。すなわちデレクをあのときのN先生の立場に立たせ、視点を変えると当時の事態はどう見えるのか、それを彼はどういう語彙をもって理解することになるのか、自ら経験する機会を提供したのです。

アリソン先生の質問に、デレク先生はしばらく考えてこう答えました。

「そうですね。もしよかったら、もう少し詩を作ってみてはどうですか?」

アリソン先生はこの提案を受け入れ、新しい詩を作ることにしました。かくしてデレク先生の授業は、充実した学びの時間を維持したまま過ぎたのです。

それからしばらくたったある日、アリソン先生はデレクを校長室に呼び、自分が先生役になってどうだったか、尋ねました。彼はこう答えています。

「僕、思うんだけど……、子供は学校で自由であることを必要としていると思います。みんな**自分でするべきことを選ぶ**必要があるんです。」

彼の答えは、先生役の経験が、彼自身に省察と成長の機会をもたらしたことを物語っています。例の事件が勃発するまで、デレクは自由とは何をしてもよいことだと思い込んでいるふしがありました。しかし、今や彼は社会生活の中で生きる者に保証されるべき自由とは、そんな身勝手なものではないということに気づいたのです。自由とは、好き勝手に何でもやっていいということではなく、やるべきことを自分が選べる権利だったのです。

ここで重要なのは、彼のそういう気づきを、**自分の言葉で述べている**ことです。

「自由とは選択の権利が保証されていることだ。」

デレクは、アリソン先生たちが推奨した「先生役になってみる」という体験を通して、このことを発見しています。それは、彼が自分の性格を把握し自分の行動を制御する上で、ものすごく大切な発見です。アリソン先生によると、その後の彼はだんだんと激しやすい自分をコントロールするようになり、持ち前のリーダーシップを発揮して成長していきました。

あれから十年後、社会人となった彼は、不動産業に従事しています。

デレク事件は、「資質・能力」をどう評価すればよいのか考えるうえで、決定的に大切な方法を示唆しています。すなわち、変容可能性に満ちた子供たちにとって、かれらの成長を評価する中心人物は、かれら自身だということです。一言で言えばこうなります。

「資質・能力」の評価は「自己評価」によって行う。

こう記すと、きっと次のような反論が聞かれることでしょう。

自己評価が大切なのはわかるけれど、それでは客観性が保証できないじゃないか！

この反論は、評価という行為に対する視野の狭さ、デレクにならってやや過激な表現で言えば、大きな誤解をさらけだしています。

真の評価とは、子供の到達度のテストなどではないのです！

自ら成長しよう、よりよい人生を送ろうとする態度は、未来に向かうものです。それを客観的に調べることなどできません。なぜなら、客観的な測定とは、何かを行った結果に対して行われる作業だからです。確かにデレクが「自由」に対する認識を更新したことは、ある行為の結果として彼が到達したものではあります。しかし、だから彼のレベルは５だなどと評点しても、無意味です。

彼が身につけたものは、がんこな考えを見直すためには視点を変えてみることが大切だという自覚と、それをこれからの自分の生活に役立てていこうとする態度とにほかなりません。それを誰がどう評価するかといえば、当のデレクが自分の言葉で自分に対してすること以外にあり得ません。

答えをもった教師が「自由ということの本当の意味は何ですか」と質問し、子供たちがどう答えるかによって評価する場面を想定してみてください。かれらが教師のもっている答えを察して「選択権が自分にあることです」などとさかしらに言ったなら、そこにあるのは他人の顔をうかがって生きる姿です。ちょっと言い過ぎました。

それではこうした自己評価の機会を、ロックザム初等学校ではどのように提供しているのでしょうか。デレク事件は確かに彼に価値ある自己評価の機会となりましたが、そんな突発的な出来事と味わい深い対応が、すべての子供に等しくあるとは考えられません。

この問いに対して、私は、驚くべき二つの事実を知っています。

一つは**ラーニング・レビュー・ミーティングという活動**です。これは学期中に二回ほど、子供と保護者、担任、校長の四者が集まり、その子の学びの状況について話し合うというものです。日本でも三者面談として行われていますが、ロックザム初等学校の驚嘆すべきところは、すべての子供を対象に、すべて校長が同席しているということです。

なぜ校長が同席するのか。それは学校を挙げてすべての子供を大切にしようとしているからです。担任にはきめ細かな子供への対応を要求しておきながら、自分は忙しさを理由にして学校にあまりいない管理職を、私はいやというほど見ています。もとよりアリソン先生も、校長職の傍ら外部に様々な仕事をもっています。たとえばロックザム初等学校の教育に学ぼうとしてアライアンス（提携）を申し出た学校は、全国に何と二八〇校もあり（二〇一七年現在）、研修組織を作って八面六臂で働いています。

　このミーティングでは、最初に子供自身が自分の学びの状況について振り返ることから始まります。高学年の子供はパソコンでスライドを作成し、教科や学校生活の中で自分が得意であること、好きなこと、夢中になっていることを語ります。あわせて、まだ課題が残ることも自ら話しますが、ロックザム初等学校ではこれを「チャレンジ」と呼びます。「できない」のではなく「まだできないけれど、これから挑戦しようと思っている」こととして、その子の苦手な分野をみんなで理解します。そのうえで、彼・彼女にとって必要な学びはどこにあり、どんなことに取り組んでいくとよいか、みんなで話し合うのです。

　もう一つは**通知表**です。日本と同様、ロックザム初等学校でも学期の終わりに通知表が渡されます。計算能力や語彙力、文法的知識など、テストで測定された診断結果も通知表には記されています。これらは我々にもなじみのある評価結果として、数値化して示されます。ただしそれらは、その子が自らの学びの状況を評価するためのデータ、参考資料に過ぎません。

問題は、学期を通して何を学び、何に手応えを感じ、そしてこれからどのような学びに挑戦していくべきかを子供が自覚できるような「ことば」を紡ぐことにあります。これが通知表の中心的な役割です。

そのために、ロックザム初等学校の通知表には、その子の学びに対する長いメッセージが記されています。担任の先生による私信でつづられた通知表はシュタイナー・スクールでも行っていますし（子安美知子『ミュンヘンの小学生―娘が学んだシュタイナー学校』中央公論社、一九七五年）、日本でもそのようにしている学校はあることでしょう。

ところが、ロックザム初等学校の通知表に記されているメッセージは、これらと一線を画す特徴があります。

メッセージは先生からだけではないのです。

それぞれの科目の最初に、当の子供自身による自己評価が掲載されているのです。

実物を見せてもらいました。たとえば「算数」では、こんな記述がありました。

【できること】私は、図形が大好きです。図形の問題を見ると、どうやって解こうかワクワクしながら考えることができます。春学期は、複雑な図形の問題に取り組み、先生のアドバイスをもらいながら、次々解くことができました。
【挑戦したいこと】私は、分数のかけ算と割り算が重なった計算問題を解くのがまだうまくできません。紙に書いて計算しようとしても、しばしばこんがらがってしまいます。夏学期になったらいろいろな計算問題に取り組んで、苦手だという思いを乗り越えていこうと考えています。

まずは子供のことばで子供自身の自己評価結果を記す。そのうえで担任からメッセージを贈り、その子を励ます。これによって、子供は過去の自分を客観化し、自分を励ますためのことばを先生と一緒に発見していきます。それが目指すところは、子供が社会的存在として自己を適切に評価するために必要な語彙を豊かにすることにあります。「資質・能力」を評価するためには、子供自身に自己評価の語彙を育てる必要がある。それがロックザム初等学校における評価法の一貫した信念なのです。

ここまで、イギリスの初等学校を例に、「資質・能力」における評価のあり方を述べてきました。みなさんの中には「お国柄が違うのだ」とか「小規模校だからできるのだ」といった感想をもたれた方もいることでしょう。私も訪問した初めの頃はそう思いました。

しかし、世の中にはこういう評価をやり遂げている学校が現実にあるのです。効率性、客観性、数値化を振りかざしたり、パフォーマンス評価やルーブリック評価に熱中したりしても、子供の変容可能性を無視した評価は本物ではないことを、ロックザム初等学校の実践は示しているのです。

ちなみに、アリソン先生はロックザム初等学校での取り組みが讃えられ、二〇一四年に勲二等大英勲章を授与されています。その模様はイギリス国営放送で報じられ、全国的に知られることとなりました。二〇一七年、彼女は全英教師教育協会の初代所長に就任し、現在は彼女と志をともにするロジャー先生がこの学校の校長を務めています。

なお、ロックザム初等学校の詳しい情報を知りたい方は、マンディ・スワン、スーザン・ハート他『イギリス教育の未来を拓く小学校―「限界なき学びの創造」プロジェクト』（新井浅浩・藤森裕治・藤森千尋訳、大修館書店、二〇一五年）をご参照ください。本書で取り上げた事例は、この本で紹介されています。

資質・能力とは，未来に向かう変容可能性であり，その評価は自己評価が基本である。これが前の章の結論でした。それでは，この学力を構成する三つの要素として措定された「知識及び技能」，「思考力，判断力，表現力等」，「学びに向かう力，人間性等」とは，どのように捉えればよいのでしょうか。第2章では，この問題を“車の運転”という具体的なイメージになぞらえて説明します。

第2章

三つの学力を“ドライブ”で紐解く

▼一▲三つの国語学力を理解するための実験

「知識及び技能」と「思考力、判断力、表現力等」と「学びに向かう力、人間性等」。この三つの資質・能力を国語学力として見た場合、我々はそれぞれの特性をどう理解し、何をどう指導すればよいのか。本節ではこの問題について考えていくために、ある実験に取り組んでいただきます。最初の実験は、西林克彦『わかったつもり：読解力がつかない本当の原因』（光文社新書、二〇〇五年）で紹介されていたある心理学実験です。

次に示す文章は、いったい何の話でしょう？

新聞の方が雑誌よりいい。街中より海岸の方が場所としていい。最初は歩くより走る方がいい。何度もトライしなくてはならないだろう。ちょっとしたコツがいるが、つかむのは易しい。小さな子どもでも楽しめる。一度成功すると面倒は少ない。鳥が近づきすぎることはめったにない。ただ、雨はすぐしみ込む。多すぎる人がこれをいっせいにやると面倒がおきうる。ひとつについてかなりのスペースがいる。面倒がなければ、のどかなものである。石はアンカーがわりに使える。ゆるんでものがとれたりすると、それで終わりである。（同書四五ページ）

答えは後ろのページに記します。前もって実験の意味を解説します。

この実験は「知識及び技能」とはどういう「資質・能力」かを理解するために引用したものです。我々は頭の中にさまざまな語彙や語句の接続法則を蓄えています。これが「知識」です。「知識」は多くの場合、単体では役に立ちません。いろいろな語句の意味を知っていても、それがどう組み合わさり、互いにどのような関係をなすのか理解する方法を知らなければ（これが文法的知識です）、語句の意味に対する知識は使い物になりません。

たとえば「新聞のほうが雑誌よりいい。」というインクのシミを目にしたとき、我々はこれを「新聞・の・ほう・が・雑誌・より・いい・。」という語句が並んだ言語表現だと認識します。と同時に「新聞」「のほうが」、「雑誌」という表現によって、二つの素材が比較対象としてあげられていること、「より」という格助詞によってある基準から見たときの違いが示されていること、「いい」という述語によって差異が優劣評価であること、句点「。」によってこの命題が文として示されていることを瞬時に把握します。そして、『これが冒頭にあるということは紙媒体のメディアにかかわる話題なのだろうか』などと予測しながら、次の文に目を転じていきます。

こうして次々と現れる文の意味を解読しながら、書かれたメッセージを的確に、適切に把握するための要領を身につけます。これが「技能」です。

「知識」と「技能」は車で言えば「燃料」と「運転免許」のようなものです。どちらか一方が欠けていると車を走らせることができないように、いずれも、あらゆる言語活動の基盤をなす要素であり必須条件です。また、これらは基本的に測定可能な能力であって、どれだけ手に入れられているかを数値化して示すことができます。

ただし、それがどの程度充実しているのか測定する仕方には違いがあります。この点についてはくどくなるので、次の節で説明しましょう。

さて、先ほどの文章、何について書かれたものかおわかりですか。

正解は「凧揚《たこあ》げ」です。

西林氏の本を読んだときの私がそうであったように、最初はいったい何の話かわからず、面食らった人が大半だと思います。文の単位ではそれぞれの意味を把握することはできるものの、前後の文が一貫性に欠けているためです。

ところが、ひとたび「凧揚げ」について書かれたものだということに気がつくと、写真の立体視を体験するのと同じ感覚で、文章全体が瞬時に「見えて」きます。西林氏はこの感覚が「わかる」ことであり、スキーマの獲得であると解説しています。

スキーマとは、「**ある物事を行うために用いられる知識のまとまり**」のことです。先の文章は、「凧揚げ」するために我々がもっている「知識」だったわけです。そして、この知識をうまく働かせて凧を空高く揚げるために身につけておくべき要領が「技能」です。当然ながら、凧揚げにとって必要な知識があればあるほど、またそれを使いこなす技能が身についていればいるほど、凧はより高く、安定して揚げることができます。

ここで、読者のみなさんは、いぶかしさを感じてください。「知識及び技能」について今まで述べたことを理解してほしいのであれば、何も西林氏の本から引用する必要はないのではないかと。端的に解説すれば十分ではないかと。

私があえて他人の著書から「爪揚げ」の問題を引用した最も重要な理由は、次のことを実感していただきたかったからです。

実際の経験なくして、知識及び技能は実践的能力になり得ない。

問題の正解は「爪揚げ」でした。ほとんどの方は「なるほどそうだったのか」と思い、あらためて本文を再読して、文意がおもしろいようにわかることを自覚したはずです。ところが、みなさんの中には正解を示されてもなお文意がわからず、ますます混乱した人が存在します。どういう人かというと、爪揚げという遊びを知らない、耳にしたことはあっても実際に爪揚げをしたことのない人たちです。この人たちは、問題の文章が爪揚げにかかわるスキーマの一部だと説明されても「ふうん」としか感じることができません。「この文章に書いてある内容をテストに出すぞ」などと言われれば、爪を揚げたことがない人でも、がんばって暗記しようとするでしょう。また、頭の中でどんなふうにやれば爪はうまく揚がるか、あれこれ想像したりもするでしょう。そしてテストで高得点を取ることができれば、「自分は爪揚げに詳しい」とうぬぼれる人も現れます。

こうして手に入れた知識や技能は、簡単に失われます。残っていたとしても、ほとんどは使い物になりません。記憶の小部屋に放置されたがらくたです。大学受験のとき必死に暗記した定理や年号や化学式の大半を、今となっては忘れているのがよい例です。

「知識及び技能」は基本的に測定可能な能力だと言いました。それでは第1章で述べた変容可能性としての「資質・能力」に当たらないのではないかという疑問が、当然ながらわいてきます。だからこの実験をしていただきました。**役に立つ本物の「知識及び技能」は実際の経験なくして手に入れることができない**。個別で具体的な言語活動をないがしろにしては、使える「知識及び技能」は手に入らないのです。

もちろん、たとえば十種類の品詞分類とか、教科書の新出漢字とか、難解な語句の意味などを取り立てて指導する場面もあるべきです。ただし、それが子供たちの身につくためには、子供たちがその「知識及び技能」を憶えるための勉強とみなさないように、実際的な経験の場を提供する必要があります。手っ取り早いのは遊びの中に埋め込むことです。

体系とか系統などの観念にふりまわされないでください。目の前の子供たちがわくわくするような言語活動を提供することに夢中になってください。子供は大人から与えられる賞罰に敏感で従順です。実際の経験とは言っても、テストでよい点を取るためという動機づけでは不健康ですし、それでは未来に活きる「資質・能力」になりません。

今度は「思考力、判断力、表現力等」についてのオリジナル問題による実験です。

次の中で、事実を述べた文とは認定できないものを選んでください。

ア　富士山は日本で一番高い山である。
イ　西暦二〇一二年にオリンピックが開催された都市はロンドンである。
ウ　僕は花子と結婚したいと思っている。
エ　台形の面積は（上底＋下底）×高さを2で割ると求めることができる。
オ　文化庁の世論調査によると、一か月間に一冊も本を読まない成人が全体の47％にも達している。

「事実」とは、実際にあった（ある）事柄として誰もが認めねばならない事柄を言い、客観的な検証や推論によって合理的な矛盾を生じさせないことを条件とします。主観的な解釈や印象による断定は事実を述べた文ではありません。その目で検討してみましょう。

ア　富士山は日本で一番高い山である。

富士山は山梨県と静岡県にまたがるコニーデ型火山で、標高三七七六メートルの独立峰です。この高さは、現在のところ我が国の山岳で最高値であることが、測量によって証明されています。従ってこの文は事実を述べた文です。「富士山」と名づけられた別の小山を指す場合もあり得ますが、事実を述べた文と「認定できない文」を選べという条件では問題ありません。

イ　西暦二〇一二年にオリンピックが開催された都市はロンドンである。

歴代のオリンピックのうち、ロンドンが開催都市に選ばれ、実際に開かれたのは、これまでに三回あります。すなわち、一九〇八年・一九四八年・二〇一二年です。ゆえにこの文も事実を述べた文と認定できます。

ウ　僕は花子と結婚したいと思っている。

この文に示された命題は「僕」が心の中で「思っている」ことなので、事実であることを客観的に示すことはできません。従ってこれは事実を述べた文とは言えなさそうです。

……と判断する前にちょっと待ってください。「僕」が本当に「花子」と結婚したいと思っているのであれば、この文は事実を述べた文として成立します。裁判でも、裁判官が客観的な状況証拠から確信を得た事柄は、実物証拠がなくとも「心証」として事実であることが認定されます。

エ　台形の面積は（上底＋下底）×高さを2で割ると求めることができる。

数学の公式を述べた文です。数学には、公式のほかに定理（例：三平方の定理）と呼ばれる命題や公理（例：二点をつなぐ直線は一つだけ）と呼ばれる命題があります。公理とは、証明を要しないで真であると仮定した命題であり、定理とは公理を元にして真であることが証明された命題を指します。エの文は、台形の面積を求める公式として何ら過った情報を伝えていませんから、基本的に事実を述べた文と認定することができます。状況的には、「台形の面積ってどうやったら求められるの」と尋ねられた際の応答文として理解すればわかりやすいでしょう。

しかし、この文に示された事柄を「事実」と呼ぶには、若干の違和感を感じませんか。すでに述べたように、「事実」とは実際にあった（ある）事柄を指します。その事柄とは基本的に、個別で具体的な実在ないし実感であり、数学の公理・定理・公式のような一般法則は「事実」というより「真理」と表現した方がしっくりきます。ちなみに「事実」でありかつ「真理」である事柄は「真実」と呼ばれます。英語では「事実」をfact、「真理」や「真実」をtruthとしていますから、厳密に言えば、エの文で述べている事柄を「事実」と呼んでいいか議論の余地があります。

オ　文化庁の世論調査によると、一か月間に一冊も本を読まない成人が全体の47％にも達している。

この文は事実を述べた文と認定することができません。しかし、「半数近くもの成人が一か月に一冊も本を読まないなんてあり得ない」などと早合点しないでください。これはまぎれもない事実です。平成二十年以降に行われた文化庁や毎日新聞社、青少年教育振興機構などの調査によれば、半数近くの成人が一か月に一冊も本を読まなかったと答えています。
オの文は、平成二十五年に行われた文化庁の「国語に関する世論調査」の結果にもとづくもので、成人不読者の割合は平成十四年度の調査より10%増加しています。

こういうわけで、オの文で述べている事柄は事実にほかなりません。それではどうしてこの文は事実を述べた文と言えないのか。
「……にも達している」と述べているからです。この表現には語り手の解釈が示されているからです。この語り手は、47%の成人が一か月に一冊も本を読まない現状を「非常に多くて嘆かわしいことだ」と解釈しているようですが、たとえば前回の調査で同じ回答が六割だったなら、このような言い方はしなかったはずです。

出題の意図を解説するつもりで、やや詳しく一文ずつ検討してきました。みなさんも、私と同じように五つの文を吟味したことと思います。その過程を振り返ってみましょう。そこに「思考力、判断力、表現力等」の現れを実感することができるはずです。

まず、「思考力」です。

みなさんは設問を読んで「実際にあった（ある）事柄を述べた文と認めるには合理的な疑問の生じるものを探せと言うんだな」と了解しました。そのうえで、示された五つの文を読み、それぞれ文意を把握し、事実に該当する事柄がどの部分であるかを識別し、既有の知識を検索して、事実かどうか判断するための基準や情報を手に入れたはずです。これら一連の行為が「思考」です。そしてこの「思考」という行為を的確かつ適切に行うためには、**知識及び技能をどう用いたり手に入れたりすればよいか検討し、運用する技術**が必要となります。これが「思考力」です。

次に「判断力」です。

五つの文が示す内容をそれぞれまたはすべて把握した後、みなさんはあらためて設問に目をやり、「事実と認定できない」文の特定が求められていることを確認します。そして、先ほどの思考過程で自覚した判断の基準と文の意味内容とをもとにして、それぞれの文が事実を述べていると言えるか、決めていきます。ここで求められるのは**「評価」のための知識と技能**です。これを適切に実行するための技術が「判断力」です。これもまた個別で具体的な「行為」の中に現れるものです。

最後に「表現力」です。

こうしてそれぞれの文が事実と認定できるかできないかを決めた後で、みなさんは思考から判断にいたる過程を整理し、導かれた結論の説明を試みます。どの情報をどのような順序で、どのように関係づけて説明すればより適切に伝わるか考えながら（思考）、「このような組み立てと内容で説明しよう」と決め（判断）、実際に発信します（表現）。「表現」とは、「思考」から「判断」にいたるすべての過程を含んだ行為であり、そのうち、特に**メッセージを発信する場面で働く技術**が「表現力」です。

この実験によってあらためて理解していただきたいことは、「思考力、判断力、表現力等」とは「思考・判断・表現」という一連の行為の中で働く力だということ。そしてその行為は、すべて**個別で具体的な出来事**だということです。

そのため、ある活動で「思考力、判断力、表現力等」がうまく働いたとしても、異なる活動で同じようにいくとは限りません。我々は、試行錯誤を重ねながら、やればできるという自信と、こうすればできるという技術とを身につけていきます。それらが言語活動を推進するエネルギーとなるのです。詳しくは次の節で述べますが、これが「思考力、判断力、表現力等」の正体です。
まとめます。

「思考力、判断力、表現力等」とは、実際的な活動を経験する場で、思考・判断・表現の行為を自ら行おうとする際に働く自信と技術である。

「思考力、判断力、表現力等」は極めて状況的なことばの力なのです。そしてそのような力がうまく作動するために参照されたり蓄積されたりする力が「知識及び技能」です。

最後に「学びに向かう力、人間性等」について。みなさんは、実験をするという冒頭の部分を読んだとき、どのような気持ちになったでしょうか。中には「前置きはいいから、さっさと本題に入れ」と思った人もいることでしょう。しかし、多くの方はどういう実験なのだろうと興味を抱き、実際に取り組んでみたはずです。

このとき働く能動性と知的好奇心こそ「学びに向かう力、人間性等」の姿です。新しい何かに挑戦し、自らの成長にとってよりよい情報を獲得しようとする気持ちをもち続けること、すなわち変容可能性を追究し続けることが「学びに向かう力、人間性等」としての学力なのです。

▼二▲学力をドライブにたとえるならば

突然ですが、我々が車を運転するとき、必要なものは何でしょうか？まずは何よりも、運転する「車」と自ら運転する「態度・習慣」が必要です。それから、車を動かすための「燃料」がなくてはなりません。「免許」も同様です。

この四つがそろえば運転できるかというと、そうはいきません。実際には、さまざまなシーンに応じて乗りこなす「技術」がなければ、街中や山道を走ることなどできません。

これら五つの要素がもつ特性は、資質・能力を構成する三つの要素と、おもしろいほど似ています。初めに、それぞれがどう対応しているのか、示します。

枠囲みを見てください。ここでは、資質・能力を構成する三つの要素のうち「知識及び技能」を二つに分解しています。また、三つの要素には入っていませんが、ことばの学びに向かう主体として「言語主体」という概念を加えています。これにより、要素は車の運転で述べたのと同じ五つになります。

「車」＝言語主体
「態度・習慣」＝学びに向かう力、人間性等
「燃料」＝知識
「免許」＝技能
「技術」＝思考力、判断力、表現力等

以下、それぞれの要素がどういうものであるのか、説明していきます。

① 言語主体は「車」

「言語主体」とは、場面の状況や目的に応じて、考えたり話し合ったり、書いたり読んだりする主体のことです。「主体」は自分自身ですが、言語主体とは**ことばを使うことを通して立ち上がる自己の姿**を言います。たとえば、家族や友人とくつろいでいるときと、子供たち相手に授業をしているときとでは、その人のことば遣いや態度は異なります。手紙を書いているときと学級通信を書いているときとでも、使う語彙や言い回しは異なって

いるはずです。我々は場面の状況や目的に応じて複数のことばのスタイルをもっており、伝えたい事柄や自分の立場によって使い分けるのです。そしてそれがその人の個性、言語人格として他者に認知されることになります。学校では威厳に満ちた先生が、家に帰るとひょうきんなお父さんとして軽く扱われたりするのはこのためです。バフチンという言語哲学者はこうしたスタイルを**スピーチ・ジャンル**（speech genre）と呼び、他者との関係性が深く影響することを指摘しています。

「言語主体」の位置づけは、これを「車」になぞらえればよくわかるはずです。我々は、場面の状況や目的に応じて乗るべき車を選びます。街中の移動であれば燃費のよい小型車を、観光旅行に行くのであれば長距離を運転しても疲れにくいセダンを、引っ越し荷物を運ぶのであればトラックをというように。どの車に乗ろうとも、運転するのは生身の人間ですが、車にはそれぞれ独自の形状と性能があります。そして、道行く人の目には運転手ではなく走る車の姿が目に映ります。これが「言語主体」です。当然ながら、さまざまな用途に応じて高性能の車をたくさんもっているほうが望ましいに決まっています。このことを「言語主体」の比喩として読み換えるなら、さまざまな状況や目的に応じて豊かなスピーチ・ジャンルをもっていることが、「言語主体」としての自己の充実を約束してくれることになります。

② 学びに向かう力、人間性等は「態度・習慣」

車の運転とは、車を使って離れた場所に人や物を速やかに移動させる行為の総称です。この行為は、運転者に様々なストレスを与えます。たとえば渋滞に巻き込まれる、隣の車に幅寄せされる、歩行者が突然飛び出してくるなどなど。

そうしたストレスを経験しながら、落ち着いて安全に運転しようとか、譲り合いの心でハンドルを握ろうといった心構えをもつことは、よりよい道路交通の必要条件です。この心構えを常にもっている人が操る車は、運転者自身の人間性の現れとして、人々に安心感と信頼感を与えます。一方、ハンドルさばきがいくら上手でも、すぐに腹を立てたり周囲の状況に無頓着な人が運転する車は、人々を不快にさせ、運転者の人格をおとしめます。

「学び」もこれと同じです。「学び」とは、主体の成長にとって価値ある事柄を身につけようとする営みです。この営みには、例外なく、成長の糧となるものとの新たな出会いがあります。そこには知らない・わからない・できないといったストレスが必ずあります。

それらを**自らの成長にとって価値あるものと受けとめ、自分や社会をよりよくするための契機にしようとする心構え**が、学びに向かう力の源泉です。また、そうした態度で日々を送ることによって、人間性は高まるのです。

こうした考え方にもとづき、新しい学習指導要領では「学びに向かう力、人間性等」を、資質・能力を構成する柱の一つに位置づけています。中央教育審議会答申（二〇一六年十二月二十一日）によれば、国語科教育では、次の事柄が育てるべき要素として挙げられています。

・言葉が持つ曖昧性や表現による受け取り方の違いを認識した上で、言葉が持つ力を信頼し、言葉によって困難を克服し、言葉を通して社会や文化を創造しようとする態度

・言葉を通じて自分のものの見方や考え方を広げ深めようとするとともに、考えを伝え合うことで、集団としての考えを発展・深化させようとする態度

・様々な事象に触れたり体験したりして感じたことを言葉にすることで自覚するとともに、それらの言葉を互いに交流させることを通して、心を豊かにしようとする態度

・言葉を通じて積極的に人や社会と関わり、自己を表現し、他者の心と共感するなど互いの存在についての理解を深め、尊重しようとする態度
・我が国の言語文化を享受し、生活や社会の中で活用し、継承・発展させようとする態度
・自ら進んで読書をし、本の世界を想像したり味わったりするとともに、読書を通して様々な世界に触れ、これを擬似的に体験したり知識を獲得したり新しい考えに出会ったりするなどして、人生を豊かにしようとする態度

③ 知識は「燃料」、技能は「免許」

先に少し触れましたが、知識と技能は車の運転における燃料と免許です。これら二つの要素は、どんな運転をする場合でも必ず必要となるものです。そして、どの程度備わっているか、どんな品質・水準にあるかという観点から、言語主体の充実ぶりを測定することができます。できなければいけません。

燃料は、たっぷりあればあるほど、ゆとりをもって長く車を走らせることができます。まずは量が大事なのです。知識も同様です。国語科教育の知識として何より大事なものは「**語彙**」です。語彙として蓄えられた語句の質と量が豊かであればあるほど、言語活動の

幅は広がり、中身は深まります。

ただし、単に語句をたくさん知っているだけでは語彙の豊かさは保証されません。なぜなら、語彙とは**記憶した語句そのものではなく、蓄えられたたくさんの語句を意味や用法にもとづいて体系化したもの**だからです。このうち、目的や場面、相手との関係に応じて適切な語句が出力できるようになっているまとまりを使用語彙と呼びます。

たとえば、喜怒哀楽の感情を伝える語句のまとまりがあります。「ミケ↓ネコ↓ペット↓動物↓ほ乳類」のように、抽象度の階段にそった語句のまとまりもあります。「僕・私・お父さん」のように、相手に応じた一人称表現のまとまりもあります。こうした分類の観点で語句の集団が関係づけされていることが重要なのです。地下から汲み上げた原油もそのままでは車の燃料にすることができないように、言語生活の海から汲み上げた語句は「精製」して、使える状態、いわばガソリンにしておく必要があるわけです。

この「精製」にかかわって、国語科教育における知識としてもう一つ大事なものに**文法的知識**があります。これはことばの使い方についての知識で、メタ言語的知識とも呼ばれています。たとえば「米で飯を炊く」とは言えても、「飯で米を炊く」とは言えません。「お食べください」という敬語表現は「お召し上がりください」とすべきです。ことばの使い方にはさまざまな約束事があり、我々は、その知識をあまり意識せずに言語生活を営んでいます。これを汲み上げ「精製」して意識の表に浮かび上がらせることが大切です。

こうした知識を「燃料」にして、我々は実際の言語活動に臨みます。そこで求められるのが技能です。技能として最も重要な要素は、**目的に応じて必要な情報を集め、整理し、活用する要領を身につけること**です。

このような技能を確実に身につけるためには、**意識しなくてもそれができるようになるまで、何度も何度も練習する**必要があります。運転の場合でも、仮免許をもらうのに十分な技能が身につくまで、公道に見立てた教習所内の施設で練習を重ねます。

ただ、このような比喩だと、一点、気になることがあります。

それは、仮免許であれ、運転免許を発行する主体は自分自身ではないということです。ことばの学びにおける免許、すなわち言語活動を自ら行うことのできる技能は、いつ、誰によって認められるのでしょうか。

ここで思い出していただきたいのが資質・能力の章で述べた子供の変容可能性です。もとより、生後間もない赤ちゃんには、ことばについての知識はありません（実はあるかもしれないと主張する研究者もいますが、ここではないとしておきます）。それでは、かれらに他者とコミュニケーションをする技能がないかというと、もちろんあります。

赤ちゃんは、お腹がすいたりおむつが汚れたりすれば、泣いてその窮状を知らせます。気持ちがいいとか楽しいといった状態になれば、笑顔を見せます。そうした泣き声や表情に応じて、親は授乳したり「おむつ替えて気持ちよくなったね」と声がけしたりします。そこでは赤ちゃんと感情を共有し、互いにつながり合った原初的なコミュニケーションが行われています。赤ちゃんは、親と自分の気持ちが同期していることに安心し、他者とのコミュニケーションが成立することへの安心を自覚します。やがて、赤ちゃんは泣いたり表情で訴えたりするのでは表しきれないメッセージを伝える手段として、親が使うことばすなわち母語を獲得していきます。（鯨岡峻『原初的コミュニケーションの諸相』ミネルヴァ書房、一九九七年参照）

五歳児ともなれば、多くの子供は、話しことばに対する相当の知識及び技能を身につけています。絵本の読み聞かせや親への手紙（幼児は親を励ます手紙を書くのが大好きです）をたくさん経験した子供は、文字言語でもそれなりの知識及び技能を身につけています。

このことを踏まえると、物理的なハンディがない子供であれば、ことばを使って自己の思いを表現したり、他者のメッセージを理解したり、互いの考えを交流したりする基本的な「免許」は、**すでにもっている**ことになります。そしてその免許がより質の高いものに更新できるかどうかは、本人とそこに寄り添う大人とが判断していくことになります。

実生活・実社会における子供たちのことばの操作技能は未熟であっても、学びに対する好奇心はみなぎっています。わくわくする学びであれば、子供たちは信じられない早さでことばの操作技能を身につけていきます。たとえそれがたわいもない競争やクイズゲームでも、おもしろいと思えば夢中になります。

しかし、それに気をよくして知識や技能を反復練習だけで教え続けていると、子供たちはじきに飽きます。そうして、学んだ事柄の多くを簡単に忘れていきます。

忘れないためには何が必要か。それもまた、運転免許と同じです。教習所でいくら車の操作技能を練習しても、実際に公道を走らなければ身につきません。だから、教習所では仮免許証を取得するといわゆる路上教習という公道での運転実習が課されます。しかし、そうして手に入れた正規の免許証も、実走行を重ねなければペーパードライバーになってしまいます。それでは更新時にゴールド免許を手にしても、実質的には金色の線が入った身分証明書をもっているにすぎません。

もとより、語彙やことばの仕組みなどをあらかじめ取り立てて学ぶ場はあるべきです。ただしそれは実走行、すなわち個別で具体的な実際の言語活動経験を伴いながら、必要にかられて学ぶものにすべきです。

前述したように、人は生まれながらにして原初的なコミュニケーションの能力をもっており、個別で具体的な言語活動を行う態勢ができています。様々な言語活動を経験する中で知識及び技能を獲得し、豊かにし、洗練させていきます。

運転になぞらえて理解すれば、人は車に乗った状態でこの世に生まれてくるのだということになります。最初は親またはそれにあたる大人が同乗し、子供と一心同体で操縦してくれます。やがて同乗者は車から降り、子供は自分の力で運転を始めます。様々な失敗を経験しながら上手な運転のコツをつかみ、免許をより高度なものにしていきます。それに応じて、乗る車もより高性能なものへと乗り換えていきます。

④　思考力、判断力、表現力等は「実走行の技術」

車を実際に走らせているとき、我々は何をしているか振り返ってみましょう。

今、自分の車が大きな交差点にさしかかり、右折しようとしています。我々は、まず、信号は右折可能の表示になっているか、対向車はいないか、歩行者が横断していないかを確認します。そして、今のタイミングで右折できるかどうかを判断します。できると判断したらウインカーを点滅させ、徐行でハンドルを右に切ります。右折したら、走行車線を確認し、必要に応じて位置を調整したり加速したりします。

以上の作業を整理すると、目的地に行くために、我々は次の三つの活動をしていることに気づきます。そしてこれこそが思考・判断・表現の現れなのです。

○課題設定・見通しの把握・事実関係の把握と解釈・感情の自覚などを行う。（思考）
○思考内容を評価し、できること、すべきことを決定する。（判断）
○実際に行動として表す。（表現）

ここで注意していただきたいことがあります。どのような運転をする場合でも、これら三つの活動は必ず行われますが、それが**どのような現れとして実走行に反映されるかは、千差万別だということ**です。なぜなら、実走行の場では、前と完全に同じ状況は一度たりともないからです。毎日の通勤でお決まりのルートを走る場合でも、往き交う車や人々の往来、天候などが完全に一致することは決してありません。

そのため、昨日までは何の心配もなく走っていた道なのに、今日は突然割り込んでくる車にひやっとしたとか、雪が残っていてスリップしたといった出来事にみまわれることがしばしばあります。そのたびに我々は、新たに身につけなければならない事柄を自覚し、これからはフェンダーミラーをもっと注意して見ようとか、減速するときはポンピング・ブレーキをうまく使おうと心するのです。

このたとえをことばの学びに置き換えてみると、ある言語活動の結果がうまくいったかどうかだけで思考力、判断力、表現力等のレベルを測定するわけにはいかないことに気づきます。運転と同様、実生活における言語活動場面でも、完全に同じ状況は、一度たりともありません。それをあらかじめ設定した物差しで一律に測ることなど不可能です。

とはいえ、この世にすぐれたドライバーが存在するのは事実ですし、様々な言語活動を豊かに行うことのできる子供が存在するのも、感覚として認めないわけにはいきません。かれらに共通するのは実際的な場での運転や言語活動を豊富に経験していることですが、長年にわたってハンドルを握ってきた人や作文や読書にいそしんできた子供のすべてが、一律に優秀な思考力や判断力や表現力の持ち主であるとは限りません。そこには何らかの質の差が存在し、過去の経験から未来に生きて働く力を手に入れるには、その質的な部分を身につける必要があると考えざるを得ないのです。

それでは、「思考力、判断力、表現力等」として身につけるべき「力」とはどう捉え、どんな視点・観点でその優劣を見極めればよいのでしょうか。

この難問を解く鍵もまた、車の運転を引き合いにすればわかります。先ほど、実走行の場で前と完全に同じ状況は一度たりともないと言いました。けれども我々が車を運転する目的を考えた場合、道路状況は千差万別でも、いくつかの共通する要素があります。この要素については、目的に応じた共通点が存在します。

さて、我々が車を運転する目的とは何でしょうか。大別すると、次の三つになります。

第一は「**移動**」です。日々の通勤、買い物、実家への帰省など、徒歩や自転車では時間と労力のかかりすぎる場所に自分の身体を移動させるため、我々はハンドルを握ります。

第二は「**運搬**」です。届け物や引っ越し、送迎など、荷物や人を車に載せて目的地まで運ぶための運転は、移動とは異なる技術が必要です。

第三は「**観光**」です。この場合は、景勝地や文化遺産、遊園地などに行き、そこで写真を撮ったり遊んだり、美味しいものを食べたりすることが、車を走らせる目的です。

これら三つのほかに、「見せびらかす」などという目的もありますが、基本的には右に示した目的のいずれかによって、我々は車に乗るのです。そしてそれらの目的に応じて、働かせるべき思考・判断・表現には独自の課題が存在します。

たとえば「移動」の場合、たどり着くべき場所まで、予定された時間内に、安全にかつすみやかに自分の身体を到達させることが最優先の課題になります。そのためには、道路状況を把握し、実際の交通規制に従って運転することが何よりも大切です。

「運搬」の場合も右の課題は共通しますが、載せる荷物や人が快適な状態で運ぶ技術が求められます。また、移動と共通する課題についても、大切なことは自分の身体をいかに移動させるかではなく、荷物の届け先や人の送り先にとっていかに望ましいタイミングを選ぶかが優先されます。

「観光」では、行った先で何をするのかが最も重要な課題です。もとより、観光の場合でも移動することなくして目的を達成することはできません。それゆえ「移動」で述べた課題がここにも当てはまりますが、観光にとって、移動は目的ではありません。別に急ぐ必要はありませんし、最短ルートを検索する必然性もないのです。景色を楽しめ、施設が開いている時刻に到着できるのなら、のんびりと車窓の風景を楽しむ方が、観光にとっては望ましい運転です。

こうして見ると、我々は、目的に応じた課題、言い換えれば条件をふまえて実際の運転を行うわけです。そしてこれらの課題・条件が満たされるために、**何をどうすればよいかわかっていること、また実際にそれを実行できる自信と技術が身についていること**。これが「思考力、判断力、表現力等」を保証するのです。

⑤ 実走行の目的と国語科教育の言語活動

ここまで述べればお気づきかと思います。国語科教育における言語活動にも、大別するといくつかの目的があり、実際の活動は千差万別でも、目的の違いに応じた共通の課題・条件があるのです。ここで言う目的とは説得するとか感動させるといった細かなものではなく、言語活動を行う主体が、ことばの学びにおいて身につけるべき資質・能力の原理と言うべき目的です。すなわち次の三つです。

○的確に、適切に話し聞くことのできる人間になること。
○適切に、効果的に書くことのできる人間になること。
○正確に、豊かに読むことのできる人間になること。

これらが国語科の言語活動における三大目的です。もちろん、これらすべての大前提として、「ことばによって考え、判断することのできる人間になること」という目的もあります。が、これは国語科教育のみならず、すべての活動に求められる目的ですので、ここでは取り上げません。

右の目的は、車を運転する際の三大目的と次のような対応関係にあります。

移動としての運転　↓　話すこと・聞くこと
運搬としての運転　↓　書くこと
観光としての運転　↓　読むこと

A　移動としての運転　→　話すこと・聞くこと

前述したように、移動とは、自分の身体を目的地まで運ぶ行為です。これを目的とする運転は、到着予定時刻以前に、安全に目的地まで行くことが求められます。車は安全性と燃費のよさが求められます。コンパクトなほうが扱いやすいはずです。実際の交通規制や交通ルールに従って、他の車に車線を譲ったり横断歩道で停止したり、移動のために様々な行動をすることになります。

同様に、話すこと・聞くこととは**言語主体の身体と切り離せないメッセージを、相手に直接届ける行為**です。このメッセージは、声の調子や表情、身振り手振りといった非言語伝達要素が深くかかわります。また、場面の文脈が使われることばの意味を規定し、しばしばいま・ここにいる人たちの間だけでしか通じない語彙を生み出します。そうした特性に気を配りながら相手のところに出かけて行くこと、つまりメッセージを直接届けることが話すことです。逆に相手がこちらにやってくるのが聞くこと、相手にこちらまでやってくるよう求めるのが質問すること、そして互いに往復するのが話し合うことです。

移動＝話すこと・聞くこと

話すこと・聞くことでまず必要となるのは、伝え合うべき話題が何であり、どんな内容をやりとりするのかということです。運転で言えば、どういう用件で何をするために移動するのかということです。そのうえで走り方、つまり話し方や聞き方を選びます。

たとえば小学校高学年では、個別で具体的な言語活動を通して、次のような技術を身につけていくことが、「思考力、判断力、表現力等」の充実につながっていきます。このうち、アとイが出発前の準備、ウからオが実際の運転に相当するわけです。

ア　目的や意図に応じて、日常生活の中から話題を決め、集めた材料を分類したり関係付けたりして、伝え合う内容を検討すること。

イ　話の内容が明確になるように、事実と感想、意見とを区別するなど、話の構成を考えること。

ウ　資料を活用するなどして、自分の考えが伝わるように表現を工夫すること。

エ　話し手の目的や自分が聞こうとする意図に応じて、話の内容を捉え、話し手の考えと比較しながら、自分の考えをまとめること。

オ　互いの立場や意図を明確にしながら計画的に話し合い、考えを広げたりまとめたりすること。

B　運搬としての運転　↓　書くこと

運搬は、自分の身体を別の場所に移すことが目的ではありません。目的地に届けるべきものは車に乗せた荷物や人です。そのとき、何よりも大切なのは荷物や人が最適の状態で運ばれることであり、届け先送り先にとって望ましい条件で渡されることです。車はそのために選ばれ、実際の走行もきちんと届けることに注意が払われます。

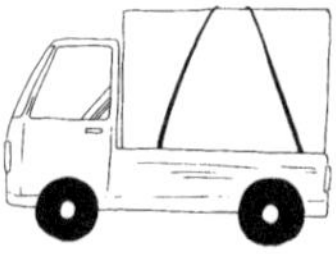

運搬＝書くこと

書くこともこれと同様です。話しことばでは、いま・ここにいる実在の人間同士の通じ合いが基本です。スムーズな移動ができるなら、つまり当事者間の通じ合いが成立するのなら、車の燃費と同様、使うことばは少なければ少ないほどよいということになります。

しかし、書きことばによる伝え合いはそうはいきません。書きことばは、いつ・どこで読まれても伝えたい内容が間違いなく理解されるように、記す内容や使うことばの意味が検討されている必要がありま す。そこには、場面の文脈や書き手の身体表現が入る余地はありません。**自分自身を他者の目で見ながら書きことばによるメッセージを届ける**のが、書くことなのです。

そのためにはまず車選びや荷造りが大切です。どういうメッセージをどんなことばで、どのような構成や展開によって伝えるかということです。そのうえで「運転」つまり記述にかかるわけですが、気をつけないといけないのは、届け先や送り先に対して、メッセージがいかに適切に効果的に伝わるかという点です。ゆえに推敲が必要になります。

こうした一連の作業に共通する技術として、たとえば小学校高学年では次の事柄を身につけていくことが示されています。このうちアとイは車選びと荷造り、ウ～オは運転、カは相手に送り届けた後のやりとりとして働くことになります。

ア　目的や意図に応じて、感じたことや考えたことなどから書くことを選び、集めた材料を分類したり関係づけたりして、伝えたいことを明確にすること。

イ　筋道の通った文章となるように、文章全体の構成や展開を考えること。

ウ　目的や意図に応じて簡単に書いたり詳しく書いたりするとともに、事実と感想、意見とを区別して書いたりするなど、自分の考えが伝わるように書き表し方を工夫すること。

エ　引用したり、図表やグラフなどを用いたりして、自分の考えが伝わるように書き表し方を工夫すること。
オ　文章全体の構成や書き表し方などに着目して、文や文章を整えること。
カ　文章全体の構成や展開が明確になっているかなど、文章に対する感想や意見を伝え合い、自分の文章のよいところを見付けること。

C　観光としての運転　→　読むこと

車で各地に出かけ、美しい風景を見たり文化遺産を訪れたり、美味しい食を味わったりいい温泉に浸かったりする……。観光は、車を運転する目的の中でもとりわけ楽しいものです。前述したように、運転そのものが目的ではなく、道中でいろんなものを見たり遊んだりすることが大事な目的だからです。観光の楽しさを十分に堪能して帰宅したら、何がおもしろかったとか、あの店の料理は期待外れだったとか、もっと足を伸ばせばよかったなど、体験したことの価値や意味を評価し、心身の栄養にします。そして今度はあそこに行ってみようとか日数を増やそうとか、次のドライブに心をはせます。

観光と同じく、読むこととは**文章や作品を手に取り、そこに表現されている内容や表現**

の仕方などを自分の中に取り込み、心動かされたり納得したり、書かれた内容の味わいや表現の適切さを評価したりする活動です。一口で観光と言っても、娯楽的なものから研修的なものまであるように、読むことの活動にも感性や情緒をはぐくむものから理性や論理を鍛えるものまで、様々なタイプがあります。また、観光には一人で行くもの、二人で行くもの、団体で行くものとあるように、読むことの活動でも、一人で読むものから教室全体で同じ作品を読む活動まで、様々な形態があります。そうしたタイプと形態に応じて乗る車や乗り方、すなわち読みのスタイルも変わってきます。

たとえば運転経験が浅くて遠乗りするのが難しい場合、自分は助手席に座り、ハンドルを運転に慣れた同行者に握ってもらいます。そして現地まで連れて行ってもらって一緒に観光を楽しみます。読むことではこれが「読み聞かせ」にあたります。

逆に自分のほうが上手に運転できるけれど、あえて未熟な同行者にハンドルを握らせ、助手席でサポートするのがペア・リーディングです。欧米では、文章を読むことが得意でない子のために、しばしばこのような活動が行われます。

観光＝読むこと

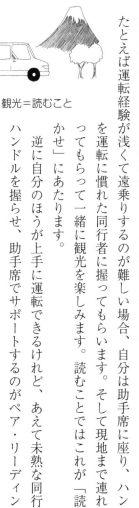

一方、団体旅行は一台のバスに乗り込むか、数台の車に分乗するか、全員が個別の車で列をなすかのいずれかが選ばれます。このうち、バスに相当するのが教師主導型の読みの授業で、イメージは修学旅行です。教師は運転手兼ガイドを務め、子供たちは教師の朗読や指示、発問に応じて作品を読み、主人公の気持ちや論理の展開を把握します。分乗型はグループでの読み、個別の車で参集するのは同じ作品を各自が自分の問題意識で読む活動に相当します。

こうしたスタイルを選びながら、目的の観光を実現します。その際、何のために観光をするのか、つまり何を見たり味わったりしたいのか、またそうすることでどんなことを得たいのかに応じて、運転の仕方やルートが決まってきます。これと同様に、読むことの活動でも登場人物の相互関係や心情を捉えたいのか、それとも文章の要旨を把握したいのかなどの目的によって、「走り方」、すなわち読み方が選択されなければなりません。

読む活動は、ことばの学びにかかる諸活動の中でも極めてバリエーション豊かな活動です。それらを豊富に経験しながら、たとえば小学校高学年の子供たちには、次のような技術を身につけていくことが求められています。これらは基本的に、めぐる場所、つまり読むべき対象をよりよく理解し、味わい、評価するために身につけるべき事柄です。このうち、アからエは観光の種類に応じてできるようになっておくべきこと、オとカの二つは観光から帰ってきてやるべきことと理解しておきましょう。

ア　事実と感想、意見などとの関係を叙述をもとに押さえ、文章全体の構成を捉えて要旨を把握すること。
イ　登場人物の相互関係や心情などについて、描写をもとに捉えること。
ウ　目的に応じて、文章と図表などを結びつけるなどして必要な情報を見つけたり、論の進め方について考えたりすること。
エ　人物像や物語などの全体像を具体的に想像したり、表現の効果を考えたりすること。
オ　文章を読んで理解したことにもとづいて、自分の考えをまとめること。
カ　文章を読んでまとめた意見や感想を共有し、自分の考えを広げること。

これまでに述べてきたことを忘れそうになったら、ハンドルを握ってみましょう。そうすればきっと思い出します。

第２章では，車の運転になぞらえて，新しい学習指導要領における「資質・能力」の本質を説明してきました。

それでは，これらの学力を実際の国語教室でどのように扱えばよいのでしょうか。今度は私が中学校の教室をお借りして行った授業実践をもとに説明してみます。

単元名は「君はどんな『やつ』なのか？―『少年の日の思い出』を読む―」です。学校はある公立中学校の第１学年(36名)，特別授業として60分間，素直で純情な中学１年生とたわむれました。

第３章

三つの学力はどう育てるのか

▼一▲『少年の日の思い出』の授業実践に先立って

① 作品世界と「そんなやつ」

ヘルマン・ヘッセ『少年の日の思い出』（高橋健二訳）は、すべての中学校国語教科書（第一学年）に掲載されている定番文学教材です。物語は「客」として招待された友人が、子供の頃の苦い思い出を語り始めるという設定で始まり、友人自身の告白を物語の中核としています。蝶の採集に熱中していた「僕＝友人」は、隣家に住む大人びた同級生であるエーミールの部屋からクジャクヤママユという貴重なコレクションを盗み、過ってそれをつぶしてしまいます。謝罪するため彼を訪れたものの、人格を否定されて帰ってきます。最後は夜の台所で、自分の標本を一つずつつぶしたことが記されて物語は幕を閉じます。

この作品を観光する際、いや読み味わう際に最も重要な場面つまりクライマックスは、「僕」が母に諭されてエーミールのところにあやまりに行くところです。

この場面で、クジャクヤママユをつぶした経緯を説明しようとした「僕」に向かって、エーミールは「ちぇっ」と舌打ちしてこう言います。
「そうか、そうか、つまり君はそんなやつなんだな。」

文学的文章は、出来事を描写することによって人間心理の深層や美しい情感、文化社会のありようを伝える言語作品です。我々は作品世界を旅しながら、人を思いやるとはどういうことか、成長するとはどうなることかなどを学びます。これらを学ぶ際、文学的文章における描写は、「空所」と呼ばれる独特な表現技法をもっています。
「空所」とは、次のように定義されます。

作品を解釈する上で読み取るべき重要な事柄を明示しないでおくこと。

「僕」は、エーミールが卵から育てて羽化させ、標本にしようとしていたクジャクヤママユを盗もうとして、直しようがないほど傷つけてしまいました。その過ちをエーミールに告白して詳しい事情を説明しようとした際、当のエーミールに「僕」がどのような人間として把握されたのかは、この作品が描こうとする人間心理を読み解くうえで決定的に重要な要素の一つです。

ところが、教科書の本文では次のようにしか表現されていません（傍線は引用者）。

「そうか、そうか、つまり君はそんなやつなんだな。」

この後にあるエーミールの発言にも、彼自身が「僕」をどんなやつだと思っているのか具体的には示されていません。読者は、作品の文脈とエーミールの言い方、「僕」の受けた印象から、彼の内心を読み取ることが要求されます。

そこでこんな問いが生まれます。


エーミールは「僕」をどんな「やつ」だと言いたかったのだろうか？


読者である子供たちに右の問いを投げかければ、自分がもっている語彙の中から「何々なやつ」を考えることでしょう。そして、さまざまな「やつ」が指摘されることでしょう。

しかし、この問いが求める答えは、「そんなやつ」が意味する内容の置き換え語句ではありません。この一言がもつ怖ろしさです。

もしもエーミールが「下劣なやつ」とか「美しさがわからないやつ」とか、「自分勝手なやつ」とか「悪漢きわまりないやつ」などと言ってくれていたら、「僕」にはまだ救いようがあります。なぜなら、彼に言い返す余地があるからです。

けれども「そうか、そうか」と話の腰を折られ、「そんなやつ」と言われてしまうと、それがどんな「やつ」を意味するのか、「僕」はまず、自分に対してありとあらゆる否定的なことばを突きつけてみなければなりません。「そんなやつ」とはどんな「やつ」か、自分で意味づけするのですからエーミールに口答えをするのは無意味です。したとしても彼は言うでしょう。「君は自分がどんなやつだと言われたと思ってるんだい」と。「僕」がクジャクヤママユの美しさに魅せられて、これを盗もうとした事情を話し始めたとき、エーミールは「ちぇっ」と言ってこれをさえぎっています。だから彼は、「僕」が自分のクジャクヤママユをこなごなにしたことしか知りません。

ここに「そんなやつ」ということばの怖ろしさがあります。エーミールにしてみれば、「僕」はこの美しい蛾をつぶそうとして自分の部屋に忍び込んだ人間なのです。美しさというものを理解できず、一時の感情で取りかえしのつかないことをする幼稚な人間。エーミールが悟った「僕」とは、おそらくこのようなものです。だから彼は、汚いことばを自ら口にすることなく、「僕」自身に自分の汚さを思い知らせようとしたのです。

② 言語生活と「そんなやつ」

指示語には、いわゆる「こそあど言葉」の外に「以上の、右の、前者は」といった語句も含まれます。その働きは物事を指し示すことですが、言語生活の中では、**場面の文脈に依存した特定の感情や評価**を意味することがしばしばあります。

たとえばデパートで二人の買い物客が、

A「この服のデザイン、どうかしら？　素敵じゃない？」
B「うーん。……ちょっとあれね」

といった会話をする場面を想定してみましょう。この場合、Bの言う「あれ」とは距離の離れた対象を指し示す表現ではなく、BがAの示した服のデザインが気に入らないものであることを表明していると理解されます。これと同様に、『少年の日の思い出』におけるエーミールの発言「そんなやつ」も、文脈的には彼の「僕」に対するネガティブな評価を暗示した表現であると理解することになります。ことばがもつこのような性質を、「**場面**

依存性」と言い、言語生活に必要な知識及び技能として身につけておきたい事柄です。

ところで我々の言語生活では、他者が言ったことを聞いて知るとき、二つのアプローチがあります。すなわち直接本人から聞く方法と、第三者を介して間接的に聞く方法です。当然ながら、直接本人から聞くほうが誤解は少なくなります。ところが、我々には困った傾向があります。それは、第三者を介して聞かされた話に、より真実味を覚えてしまうという傾向で、心理学では「ウィンザー効果」と呼ばれています。直接「あなたっていやな人ね」と言われるより、「Aさんが君のことを『いやなやつだ』と言ってたよ」と告げ口されたほうが衝撃的なのはそのためです。実は本人は「こんなに私を好きにさせるなんて」と続けており、告げ口した友人があなたとAさんとを仲違いさせようとしてそう言ったのかもしれないのにです。

文学でも、この二つの方法で読者は登場人物の発言を受け取ります。一つはカギ括弧やダッシュ（――）などの引用符によって人物のことばが示されたもので、直接話法といいます。この場合、読者は直接その人の声を受け取ることになります。

もう一つは引用符を用いることなく、地の文に「と」などの助詞を用いて人物のことばが示されたもので、これを間接話法と言います。こちらは語り手を通してその人物が何を話したか知らされるため、引用されたことばには語り手の解釈が含まれています。
『少年の日の思い出』では、これら二種類の話法がともに観察されます。

直接話法：「そうか、そうか、つまり君はそんなやつなんだな。」と言った。
間接話法：彼は出てきて、すぐに、だれかがクジャクヤママユをだいなしにしてしまった、悪いやつがやったのか、あるいは猫がやったのかわからない、と語った。

間接話法の場合、読者は「僕」と異なる視点からエーミールの発言を理解することは許されません。「……と語った」とあることから、エーミールはもっと長々と自分に降りかかった事件を語ったのかもしれないし、クジャクヤママユの標本がどれほど高い価値をもっていたか訴えていたかもしれないのです。
これに対して直接話法の場合、読者は「僕」とともに、エーミールの発言を聞くことになります。とはいえ、この小説では、思い出自体が大人になった「僕」による語りとして描かれているため、「僕」の視点を完全に外して解釈することはできません。しかし、それでも地の文で引用したものとはわけが違います。「そんなやつ」ということばは、「僕」

ではなくエーミールが直接届けたことば、彼の本心の表れとして読むべきなのです。

このように、「そんなやつ」ということばは、言語生活を営む上で身につけるべき知識及び技能を含んだことばとして、作品の中に位置付いています。

③　ドラマ化と「そんなやつ」

虚構であれ、実在の人物同士の会話として描かれたことばは、対人コミュニケーションの中で発せられたことばとして理解する必要があります。すでに述べたように、実在する人物同士の会話では、声の調子や身振り手振り、表情などの非言語伝達要素が、伝えようとする意味内容に深くかかわります。資質・能力ベースの学びでは、この点について注意する必要があります。「そんなやつ」ということばに含まれた意味を単に読解するだけでなく、この**ことばが発せられた文脈をリアルに経験したとき、子供たちに何が自覚されることになるのか**を重視する必要があるのです。

そこで、当該部分のやりとりを実際に演じてみるという発想が生まれます。

文学的文章を読む活動にのぞんだ読者が自分の解釈した内容を身体で表現することを、本書では「ドラマ化」と呼んでおきます。その先進国はイギリスです。欧米の中学校にはドラマ科と呼ばれる科目があります。本格的な演劇スタジオを設置した学校も珍しくありません。

その中で、「そんなやつ」がどのようなメッセージを伝えるのか探究するのに効果的な活動をいくつかピックアップしてみます。

朗読劇（read aloud play）：自らの解釈に最もふさわしい声の調子や間の取り方を工夫して本文を声に出すものです。人前で身体を使って表現するのに抵抗のある子供たちにはこれが一番無難で取り組みやすいでしょう。

フリーズ・フレーム（freeze flame）：場面の様子を静止画のように示すもの、いわば実写版挿絵です。演じ手は互いの位置、向かい方、表情などを考え、静止した状態でその場面での人物関係や心理状態を演じてみせます。

パントマイム（pantomime）：ことばを発することなく、物語の展開を身振りと表情だけで示すもの。フリーズ・フレームの動画版です。エーミールは「そんなやつ」と口にする前に「ちぇっ」と舌打ちしています。そのとき彼がどんな表情だったのか、それを目にした「僕」はどう反応したのかなど、本文に書かれていない細かな部分を動作化することによって、文章理解が深まります。

ロール・プレイ（role play）：役割分担をして声と身体で表現するもの。ドラマ化として最も一般的な手法です。読者が本文をどのように読み取ったのかを把握する上では、ロール・プレイで示すのが最も伝わりやすい手法ですが、ことばと身体を同時に使う表現であるため、慣れない子供には案外難しい活動となります。

ティーチャー・イン・ロール（teacher in role）：右のロール・プレイで演じる人物の一人を教師が担うものです。教師自身が演じ手として参加することによって、子供たちの自ら演じてみようという意欲が喚起されるし、ドラマ化という活動で気づいてほしいポイントを身をもって示唆することができます。

インプロビゼーション（improvisation）：即興劇です。これが最も難易度の高いドラマ化です。子供たちはそれぞれの人物になりきり、アドリブを交えて本文に描かれた内容を演じます。面白がってこれを行うことのできる子供たちなら、本文に描かれていない場面を即興劇として演じてみる方法もあります。

以上の検討をもとに学習活動を構想しました。

テーマ

会話文の指示語にはどんな働きがあるのか。

進め方

・自由な話合い
・個人追究
・相互批評
・ドラマ化

評価

○会話文での指示語の文脈的意味がわかる。
○根拠を挙げて自分の考えを説明することができる。
○級友と交流して解釈の共通点と相違点を整理することができる。
○解釈内容を動作化しようとする。

広げる

○「(…なんて)、君はそんなやつなんだな」の（　）にあてはまる行動描写を入れて短文を作り、どんな「やつ」なのか指摘し合う。
例：部活を無断で休むなんて
　　鉛筆を貸してくれないなんて
　　横断歩道で老人の手を引いてあげるなんて

○『少年の日の思い出』の朗読を聞く。

○解釈の手がかりとなりそうな描写や構成、語句などを手当たり次第にチェックする。

○「そんなやつ」とはどんな「やつ」だと言っているのか、互いの解釈を交流して様々な読み方に出会う。

深める1　個人追究

○指示語が会話で使われると場面の文脈によって特別な意味をもつことを理解する。

○エーミールが口にした「そんなやつ」とはどんな「やつ」なのか、エーミールの視点で考える。

○考えた内容が導かれた根拠となる描写や構成を指摘する。

○考えた内容と根拠とがどのように結びつけられるのか検討する。

○自分の解釈内容が級友にわかるように説明する。

高める

○エーミールと「僕」はどのような仕草や表情で当該場面の会話をしているのか想像する。

○自分が二人のどちらか一方を演じるとしたらどのような立ち振る舞いになるか想像する。

○寸劇にするとしたらどのような場面設定にするのがよいか想像する。

○実際に演じてみる
例：朗読劇、フリーズ・フレーム、パントマイム、ティーチャー・イン・ロール等

○寸劇を観察して感想を交流したり、なぜこのような寸劇にしたのかを説明したりする。

深める2　相互批評

○「そんなやつ」について、自分にはない視点や解釈を提示する級友がどのような読み方によってこれを導き出したのか、把握する。

○自分の解釈に見落としや誤読、矛盾がないか検討する。

○級友の解釈に見落としや誤読、矛盾がないか検討する。

○「そんなやつ」とはどんな「やつ」だと言っているのか、互いの解釈を交流して共通するキーワードを見つける。

この学習指導案は、私が考案したバタフライ・マップ（通称Bマップ）をベースにしたものです（藤森裕治『すぐれた論理は美しい』東洋館出版社、二〇一三年）。蝶が羽を広げた形のマップだけに、『少年の日の思い出』にはうってつけです。

マップは次の六つのパーツで構成されています。

基本的には、中央の三つのパーツを常に意識しながら、右上の羽に記した項目から時計回りに展開することになりますが、実際にどう進めるかは状況次第です。

テーマ：学びを推進する問いです。これが学習活動を貫く問題意識となります。
進め方：本時で採用する学習活動のラインナップです。
評　価：本時の学びの中で、子供たちのどこをどのように見るのかを記します。
右上羽：教材、既有知識や体験、級友の発言などから情報を広げる学びです。
右下羽：課題の解明を目指して子供たちが個別に深く取り組む学びです。
左下羽：互いの考えを出し合い、その妥当性を吟味して考えを深める学びです。
左上羽：課題について豊かに想像したり表現したりして高め合う学びです。

通常、学習指導案は時系列に沿って記しますが、私はこの形式に疑問を抱いています。なぜなら、子供たちの主体的で対話的な活動を取り入れた学習指導案は、予定通りになどいかないからです。

車の運転を引き合いにすれば、マップ型の学習指導案とはいわば「観光用の地図」です。観光地である『少年の日の思い出』を味わうために必要な道路や見所、つまり学びの要素は示されていますが、地図ですのでどこをどうめぐるかは実際の状況によります。あらかじめ走るルートや見る場所が決められた従来の指導案では、こういうことができません。マップの形をした指導案は、子供たちの状況に合わせて臨機応変に道を選びます。

とはいえ、豊かな学びには「広げる・深める・高める」の三要素が必要です（福永・藤森・宮島・八木『交流―広げる・深める・高める―』東洋館出版社、二〇一五年）。ゆえに四つの羽には、広げる・深める・高める要素のどれか一つが必ず入っています。

学習指導案と同様に、学習場面でもそれぞれの特性に応じて臨機応変に対応できるためのワークシートを用意します。ここでも使うのはBマップです。次ページにそのイメージを示します。

手がかりをさがしてみよう

【課題1】エーミールが言った「そんなやつ」とはどんなやつかを考える手がかりを本文からさがしてみよう！

自分の考えを説明してみよう

【課題2】エーミールが言った「そんなやつ」はどんなやつだと考えられるのか説明してみよう！

テーマ

エーミールの「そんなやつ」って、どんなやつ？

進め方

○自分の経験を思い出す
○一人で考える
○他の人の考えを聞く
○ドラマにする

自分の考え

（初め）

（終わり）

【課題4】この場面をドラマにしてみよう。

僕「エーミールは?」
エ〈だれかがクジャクヤママユをだいなしにしてしまった、悪いやつがやったのか、あるいは猫がやったのかわからない〉
僕〈そのちょうを見せてくれ〉
（二人で階段を上がって部屋に行く）
僕〈それは僕がやったのだ〉
エ「ちえっ。」
エ「そうか、そうか、つまり君はそんなやつなんだな。」
僕〈僕のおもちゃをみんなやる〉
僕〈自分のちょうの収集を全部やる〉
エ「結構だよ。僕は君の集めたやつはもう知っている。そのうえ、今日また君がちょうをどんなにとりあつかっているか、ということを見ることができたさ。」

身体で表現してみよう

【課題3】エーミールが言った「そんなやつ」を級友はどう考えるのか尋ねてみよう!

友の考えを聞いてみよう

▼二▲　授業実践の展開

本時の指導事項は以下の通りです。

【知識及び技能】

・心情を表す語句の量を増すとともに、語句の辞書的な意味と文脈上の意味との関係に注意して話や文章の中で使うことを通して、語感を磨き語彙を豊かにすること。

・対人コミュニケーション場面における指示語の役割について理解を深めること。

【思考力、判断力、表現力等】

C　読むこと

・場面の展開や登場人物の相互関係、心情の変化などについて描写を基に捉えること。

【学びに向かう力、人間性等】

・失敗を怖れずに挑戦し、困難を克服するたくましさをもつこと。

・他者と交流し、集団としての考えを深化・発展させるようとすること。
・様々な体験を通して思考を深め、心を豊かにしようとすること。

以下、本時の授業がどのように展開したのか、実況中継の雰囲気で解説します。

1 日常生活で「……するなんて、君はそんなやつなんだな（なのね）」と口にする場面を考え、どんな「やつ」だと言っていることになるのか紹介し合う

本時のねらいは対人コミュニケーション場面における指示語の文脈的意味を考え、心情を表す語彙をきめ細かくし、それを子供たち自身の言語生活に敷衍することにあります。

小説はそのための学習材であって、詳細な読解が目的ではありません。導入時でいきなり「教科書○ページを開いて下さい。」と指示して始めるのは禁物です。これでは子供たちは小説を読む勉強をするために小説を読むという態勢になってしまいます。

初めは子供たちの日常生活にかかわる話題を準備し、各自の既有知識からキーワードの「そんなやつ」に着目する場を提供します。これが本時の伏線となりますし、子供たちが指示語の文脈的意味をどれだけ推測でき、語彙知識がどの程度あるのか、概括することが

できます。

まずは自己紹介がてら、私が子供時代に「妖怪」に熱中したことを紹介します。作品に出てくる「僕」が、蝶の採集に熱中している設定と連動しています。

次に、黒板に次の用例を列挙し、それぞれどんな「やつ」だと言っているのか尋ねます。これらは挙手・指名でなく、自然な会話でやりとりします。

①「部活、無断で休むなんて、君はそんなやつなんだな。」
②「鉛筆、貸してくれないなんて、君はそんなやつなんだな。」
③「お年寄りの手を引いてあげるなんて、君はそんなやつだったんだな。」

子供たちからは、①ひきょう・ずるい、②いじわる・ひどい、③やさしい、などの声が挙がりました。続いて「みんなも『何々するなんて、君はそんなやつなんだな。』という文を作ってみてごらん。」と促し、隣の人と紹介し合うように伝えます。隣同士で一緒に進める活動をパートナー・ラーニングと言います。学びを耕す際の重要な活動です。

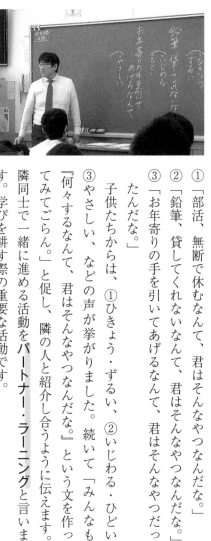

数名から「万引きするなんて……」、「いじめるなんて……」などの文が示され、それぞれどんな「やつ」なのか語り合います。緊張していた教室に、くつろいで話す雰囲気が生まれてくるのを感じます。

2 教師が『少年の日の思い出』にも同じフレーズのあることを示唆し、どの場面で登場するか見つけてみようと働きかけて朗読する

「実はね、これから読む『少年の日の思い出』にも『そんなやつなんだな』という表現があるんだよ。それがどこにあって、どういう『やつ』だと言ってるのか、考えてみようというのが今日の授業なんだ。」と告げます。ただ受動的に読むのではなく、どこにその表現があるんだろうという問題意識をもって、**主体的に読むための動機づけ**です。

全員が了解した様子を確認して教科書を開き、朗読を始めます。作品の冒頭部は、大人になった現在の「僕＝客」と「私」との対話が描かれますが、この部分は口頭で解説し、「僕」が作品内部の語り手となって描かれる少年時代の思い出部分から朗読を始めます。半額縁型という特殊な物語構造をここで扱う余裕はありませんし、「そんなやつ」からは遠い情報だからです。

朗読しながら、難解語句はその都度言い換えていきます（例「展翅」＝羽を広げて標本の形を整えること）。また、「僕」がエーミールの部屋に忍び込んだ場面などでは朗読を止め、「この後、『僕』はどうするだろうね？」と、物語展開を予測する問いを投げかけます。文学作品を読む場合、その先を「**予測する**」というのは極めて重要な要素です。なお、これらは**いちいちメモしない**ように告げます。

問題の描写にさしかかります。「そうか、そうか、つまり君はそんなやつなんだな。」という部分は声に出しません。「この部分は、みんなの心の声で読んでおこうね。」と言い、後はこちらが朗読して読み終えます。途中での解説を含め、所要時間十五分です。

3 物語の組み立てと内容を把握し、「そんなやつ」とはどんな「やつ」だと言っているのか、本文の流れと描写を根拠にして各自の解釈を文章化する

朗読が終わったところで、漠然と「どうだった？」と尋ね、パートナー・ラーニングを促します。静まりかえっていた教室に穏やかな会話が戻ったところで、この授業で最終的に何をするのか、ゴールを示します。

ドライブもそうですが、**人は行き先の見えない活動をする気になりません**。本時のそれ

はエーミールの言う「そんなやつ」を言い換え、ドラマ化することです。この時点で、私はロールプレイで演じることを考えていました。そこで、参観していた大学生を登壇させ、ナレーター、「僕」役、エーミール役を演じてもらいました。ただし「そうか、そうか、君はそんなやつなんだな」はパントマイムにし、予断を与えないようにしました。

ゴールが見えたところで活動の手続きを示します。Bマップはここで配布します。最初に示す手続きは次の三点です。実際のマップは使い方を理解しやすいよう色分けしてあります。

○　各自で本文から手がかりになる描写を抜き出し、「右上の羽」にメモする。
○　どんな「やつ」だと思うか、「自分の考え」を一言にして胴体部分にメモする。
○　「自分の考え」と本文の手がかりがどうつながるか、説明するための覚え書きを「右下の羽」に書く。

これらはどこから始めてもよいとします。この指示は重要です。**子供によって思考から判断に至るスタイルが違う**からです。直感的に「ひきょうなやつ」などと書いてからその根拠と理由を考えるタイプ、手がかりを集めてからどんな「やつ」なのか考えるタイプ、根拠と自分の考えを行ったり来たりしながら考えるタイプなど、様々です。これらに優劣はありません。**どの道をたどってもよいように、マップ（地図）形式**にしています。

自分の考えをまとめる作業は五分としました。**宣言した時間は厳守**します。延長すべきかなと感じても、五分たったらいったん鉛筆を置くように指示します。約束は守るという小さな心がけです。

4 グループで互いの解釈を紹介し、共通する要素をキーワード（例　下劣なやつ、自分勝手なやつ、悪いやつ）としてまとめる

机の間を回っている間に、どのような考えが記されているか、あらあらを把握します。多種多様な「やつ」が記されていました。文脈的に受け容れられるのであれば、基本的にみな正解です。子供たちは「僕」の視点からエーミールのことばを聞き、自分が「僕」であったとしたら「そんなやつ」の意味をどう受け止めるか、内省したわけです。

ここでちょっとしたジレンマが生じました。一度、全体での学びに戻って各自の考えを

紹介する段階を踏むか、ドラマ作りに向けてグループでの学びに進めるかというジレンマです。後者を選びました。時間的な制約と、紹介された考えに引きずられることへの懸念とによります。

「それではドラマ作りの準備にかかります。これからグループ学習の形に机を……」

こう言って、三人一組で机を合わせるように指示し始めたときです。子供たちは即座に机を向かい合わせ、六人一組のグループを作ってしまいました。六人でグループを組むというのが**この学級の文化**だったのです。もちろん、それを尊重します。

「班長さん、司会をお願いします。進め方はまかせます。エーミールはどんな『やつ』だと言いたいのか、グループの考えをまとめてみよう。五分間で大丈夫だよね。」

研究授業などを参観すると、異様に細かい進行マニュアルを子供たちに配ってグループ学習を進めさせる実践を数多く見ます。それがアクティブ・ラーニングだと誤解しているようですが、だいたい失敗します。子供たちの関心が進行マニュアルに向かってしまい、課題について意見交換して考えを深めることへの意識が遠のいてしまうからです。

グループの学びは「放牧」のようなものです。教師が子供たちを信頼して任せれば、かれらは自分たちで進め方を考え、課題に向かいます。

もう一つつけ加えると、グループでの学びには**グループを構成する必然性**がなければなりません。「話し合ってまとめよう」と指示しただけでは不十分です。なぜまとめなければならないのかわかりません。まとめないことには課題に応えることができないという状況が必要なのです。この授業では「ドラマ化」が必然性を担保します。ドラマ化するためには、各自の「そんなやつ」を出し合い、比較し、まとめ、身体表現の方法を発想する活動が必要になるからです。

ちなみに、グループの学びによって互いの考えをすり合わせる作業には「文学の解釈は無数にある」という誤解を正すねらいもあります。確かに空所を補填するための解釈は、読者によって様々であってしかるべきです。しかしながら、どのような解釈を選んだ場合でも、**文脈との整合性と、ある種の普遍的なイメージ**とが見出されなければなりません。それこそが、該当部分が空所である意図に他ならないからです。

六つのグループは五分間の話合いを経て、「そんなやつ」を次のようにまとめました。
一班「あきれたやつ」、二班「下劣なやつ」、三班「盗みをする下劣なやつ」
四班「悪漢」、五班「自己中心的なやつ」、六班「あらゆる意味で悪いやつ」

個別のＢマップには、「ちょうの美しさがわからないやつ」とか、「いい人だと思っていた僕（エーミール）の思いを平気で裏切るやつ」など、一回の読みで深く解釈しているものもありました。それがグループのまとめに反映されなかったのはどうしてか、検討すべき問題です。当人に自信がなかったのか、少数意見なので取り上げられなかったのか、こういう点を子供自身が省察することによって、思考力・判断力・表現力は鍛えられます。三班から指摘された「盗みをする」は誤読ですが、指摘する時間は取りませんでした。

5 ティーチャー・イン・ロールの手法で、いくつかのグループから演じ手を選び、教壇で実際に演じてみる（教師＝「僕」、子供たち＝エーミール）

授業はここまで五十分経過しています。残り十分でドラマ実演に臨まねばなりません。できれば次時に回し、すべてのグループが実演して観察する場をもうけたいところですが、それはかないません。せめて、いくつかのグループから演じ手を選び、解釈や表現の仕方を比べさせたいところです。

ここで私には迷いが生じました。当初考えていたロールプレイを行うには、時間的な余裕がないということです。代替案としては朗読劇、パントマイム、ティーチャー・イン・ロールが思い浮かびました。そのどれを選ぶか、即座に決めなければなりません。

私が選んだのは、**ティーチャー・イン・ロールによる対話劇**でした。教師が「僕」役となり、それぞれのグループからエーミール役を一人立て、みんなの前で演じるという形式です。教師が一緒に演じることで時間を調整しながら進行させ、視点をエーミールに集中させつつ、その演技のどこに工夫が見られるか、即座に評価することができると判断したのです。

しかし、この判断には問題点があります。授業の前半で大学生が披露したモデルを見た子供たちは、自分たちも同じように演じるものと考えていたからです。学びが予定通りにいかない場合、望ましい対応の仕方は、**代替案を子供たちと話し合い、かれらに選ぶ権利をもたせること**です。けれども、そんな時間はありませんでした。どれほど魅力的な授業でも、終了予定時刻を超過したものは失格です。講演や結婚式のスピーチも同様です。

問題点を抱えながら、対話劇を始めることにしました。こういう場合、最初の演じ手をどのグループの誰に任命するのかは、非常に繊細な判断を要します。「誰かやってくれる人？」などと頼むのは禁物です。「くれる」という言い方は、**教師のために何かをしろと頼んでいる印象**を与えます。また、ここで名乗りを上げた子供は、受けをねらってふざけたり、オーバーアクションで違和感を与えたりすることが珍しくありません。

私は、三班のS君をトップバッターに指名するつもりでした。グループの学びで、彼は積極的に発言していました。坊主に近い角刈り頭から運動部員と察しました。背が高く、

体育の授業では活躍しているはずです。けれども配役の相談では、隣の男子にお前がやれと押しつけています。目立つのが嫌いではないし活動もちゃんとするけれど、人前で失敗したり格好悪い姿を見せたりするのは恥ずかしくていやなのだと直感しました。こういう子に自分の殻を破る機会を提供してみたいという思いがわき、指名してみました。

　ところが、S君は照れてしまってなかなか登壇してくれません。顔を赤らめ、隣のY君にお前がやれよと言い、しまいにはじゃん

けんで決めようと言い出しました。彼は、想像以上に恥ずかしがり屋でした。こういう場合、**無理強いは逆効果**です。私からじかに指名されたのを光栄に感じているはずですが、それに応じて登壇したものの、恥をかくはめになるのは、自分のイメージを壊すと思っているようです。こういうところが中学生の面倒くささであり、かわいいところです。

「じゃあいい。頼まない。五班はU君がエーミール役だったよな。出ておいで。」

私はそう言って五班のU君を指名しました。このグループの解釈は「自己中心的なやつ」です。まじめで従順なU君、照れくさそうに登壇しました。ちらりとS君の顔を覗くと、案の定、残念そうに目をしばたたかせています。

「それは僕がやったんだ……」。私が神妙に語りかけると、U君は微笑みを浮かべて、本文を丁寧に棒読みしました。

「そうか、そうか、つまり君はそんなやつなんだな。」

「エーミール……やさしすぎるよ！」

「僕」が突っ込みを入れると、教室は大爆笑です。この雰囲気を待っていました。授業が健康的な笑いに包まれることは、**学ぶ身体**を作るうえで非常に大切な要件だからです。特に、シリアスな内容であればあるほど、心にゆとりをもたせるべきです。

「でも、自己中心的なやつだって思っていることを、どう工夫したの？」

こう尋ねると、U君は「皮肉を込めて少し声を高めに言ってみました。」と応えました。

「なるほど」と感心すると自然に拍手がわきます。これでS君が登壇することへの抵抗は、相当除去されたことを確信しました。でも、再指名するにはまだ機が熟していません。

次は「悪いやつ」とした六班のI君です。彼は私と対面すると、笑ってしまって演技になりません。また教室は大爆笑です。みんなに背を向けて彼と打ち合わせるふうをして、「笑いながらでもいいから、台詞を口にするんだよ。」と告げ、再び実演です。何とか演じ終えて「どこを工夫したの？」と尋ねると、「いやみな言い方にしてみました。」とのこと。再び拍手がわきます。

三番手は「盗みをする下劣なやつ」とした四班のH君です。彼はにこにこ顔で登壇してきました。三人目あたりになると、子供たちはくつろいで演技を楽しめる雰囲気になっています。H君は

腰を落として背中を反らし、あざけるように「僕」を見上げながら、

「そうか！　そうか！　つまり、君がやったんだな！」

「おいおい、せりふが違うよ！」

三たび、大爆笑が教室を包みます。


さて、いよいよS君に再出演を促すタイミングです。S君と目を合わせながら、やや強めに手招きしてみます。

今度は彼は断りませんでした。照れくさそうに登壇すると「僕」に向かい、聞こえないほど小さな声で「そうか、そうか、つまり君はそんなやつなんだな」。そのまま後半のやりとりに進めました。「僕」つまり私が、「本当にごめんねエーミール！」と、本文で「僕」が言うことのなかった謝罪のことばを言い、「僕のおもちゃをみんなあげる。……集めたちょうもみんなあげる」と言って彼に近づくと、びっくりして後ずさりしながら「けっ、結構だよ。えーと、なんて言うんだっけ。」とS君、教室は四度目の爆笑に包まれました。

彼の中に「恥や失敗をおそれずに挑戦する」思いが灯るのを感じた瞬間です。

６「そんなやつ」と表現していることがもつ意味や効果を考える

本時の授業で、子供たちは下劣だの悪漢だの自己中心的だの、人を悪く言う語句をこれでもかと考えました。それを基にして演じた対話劇は、ごく拙いものです。もっと作品の叙述を丁寧に解釈すべきだ、ただのパフォーマンスだという声が聞こえてきそうです。

しかし、ドラマ化せずに授業を終えていたら、救いようのない小説を読まされたという後味しか残らなかったかもしれません。実際に演じてみたことによって、子供たちの学びは文学の読みという意識を離れ、**ことばのあり方を考える学び**へと転移したはずです。

国語科における学びは、すべてが**子供たちの人生に生きて働くことばの学び**です。ミニ文芸評論家の養成ではないことを肝に銘じておきたいところです。

さてこのタイミングで、教師は冒頭の話題を思い出すように促すべきです。すなわち、日常生活場面における「そんなやつ」について考えたけれど、それが本時の伏線だったのだと、子供たち自身が気づく時間を取るべきです。そして、この学びを通して何ができるようになったのか、何が深まったのかを語り合うことが望まれます。残念ながら、本時の場合は残された時間が二分しかない状況だったので、次のように説明してしまいました。

「そんなやつ」はどんな「やつ」かを考えて、こんなにたくさんマイナスイメージのことばが出ました。それにしてはみんな、(ドラマを見て)ずいぶん笑っていたねえ(子供たち笑う)。……さて、もしもこの場面で、エーミールから「下劣なやつ」と言われていたら、「あきれた」などのことばは消えてしまいますね。「自己中」だと言われたりしたら、「僕はピカチュウじゃない」と言い返したかもしれません(子供たち笑う)。それを「そんなやつ」だと言われたから、「僕」は打ちのめされたわけです。ここにあるすべての(非難する)ことばが「そんなやつ」の一言に埋め込まれているからです。何気ない一言ですが、よく考えると怖ろしいことばです。そういう意味で、みんな「そんなやつ」のようなことばの使い方には、注意しようね。

相手に解釈を委ねる指示語は、使い方によってはどんな罵詈雑言より残酷な意味を表象するのだということに気づいたのか、笑いで熱気を帯びていた教室が、凛とした緊張感で締まります。結びのことばです。

『少年の日の思い出』は、三学期になると本格的に読むことになります。今日は、その入口ということで読んでみました。

こうして六十分の特別授業は終了しました。

▼三▲　子供たちの学びを評価する

単元「君はどんな『やつ』なのか―『少年の日の思い出』を読む―」では、のべ六つの指導事項を設定していました。再掲します。

【知識及び技能】

・心情を表す語句の量を増すとともに、語句の辞書的な意味と文脈上の意味との関係に注意して話や文章の中で使うことを通して、語感を磨き語彙を豊かにすること。

・対人コミュニケーション場面における指示語の役割について理解を深めること。

【思考力、判断力、表現力等】

C　読むこと

・場面の展開や登場人物の相互関係、心情の変化などについて、描写を基に捉えること。

【学びに向かう力、人間性等】

・失敗を怖れずに挑戦し、困難を克服するたくましさをもつこと。
・他者と交流し、集団としての考えを深化・発展させるようとすること。
・様々な体験を通して思考を深め、心を豊かにしようとすること。

指導事項は、そのまま評価項目でもありますので、【知識及び技能】、【思考力、判断力、表現力等】、そして【学びに向かう力、人間性等】をどのように評価するのかを考えることになります。以下、具体的に本時の学習指導を例にとって、評価の方法を紹介します。述べるポイントを初めに示しておきます。


【知識及び技能】↓**測定可能な事前・事後テスト**を準備して行います。基礎的な学力と伸びしろを診断します。

【思考力、判断力、表現力等】↓課題を遂行するうえで求められる**学びのチェックリスト**を準備して行います。基本は、自己評価です。

【学びに向かう力、人間性等】↓わずか六十分という時間で評価すべきものではありません。**個別にその成長を祈る**ことが評価です。

○「～（な）人だ」に、相手のよくない面を表す語句を当てはめてみましょう。
例：けちな人・消極的な人・冷たい人　など

○右に挙げた語句の中で、よい印象の表現に言い換えられるものはありますか。
例：けちな→倹約家の・消極的な→慎重な・冷たい→冷静な　など

○次の会話の傍線部分を、何が言いたいかわかるように言い換えてみましょう。

A「昨日行ったレストラン、美味しかったね。今度もあれ食べようかな。」
B「そうだね。ハンバーグでなくてオムライスにして正解だったね。」

A「○○君があんな人だとは思わなかったよ。」
B「そうかな。僕にはとても親切な人に見えるけどな。」

A「この服はどうかしら？似合う？」
B「うーん、ちょっとあれじゃない？」
A「そう？もっと地味な感じのほうがいいかしら。」

知識及び技能を評価するテスト例

前ページの問題は【知識及び技能】がどの程度身についているかを診断するものです。単元の前後でこれと同じレベルのテストをし、比べてみれば、【知識及び技能】の充実度がわかります。この問題では単位時間で心情表現にかかわる語句をどの程度挙げることができるか、指示語が文脈上の意味を表す会話文を示してどのように解釈されるかをテストしています。その結果として、語彙がどれだけ広がっているか、指示語の文脈上の意味をどれだけ的確に理解できるようになったかがわかります。

【思考力、判断力、表現力等】は、【知識及び技能】で挙げた方法では単純に測定することができません。これにかかる評価は、教師の声がけやコメント、相互評価などを参照しつつ、子供自身の自己評価によって進めます。

その際、次ページ以降に示すようなチェックリストを作成しておきます。英語教育などにおけるいわゆるCAN-DOリストに似ていますが、到達目標ではありません。これらは言語活動で実際に求められる「技術」です。子供たちは、どの項目がクリアされており、どれがまだされていないか省察することによって、【思考力、判断力、表現力等】として何がわかり何ができるようになることを求められているのか知ることができます。

なお、ここで示すチェックリストを作成する上で大切なポイントは次の点です。

具体的なリストであるとともに、他の学びにおいても使える項目であること

〈思考次元〉判断や表現の前提として理解・把握する事項

□ 話の流れや登場人物の関係を捉えるためには、時間の流れにそって、どのような出来事が描かれているのか読みとる必要のあることがわかっている。

□ 文学には、読みとる必要があるにもかかわらず、その内容がはっきりとことばに表されていない部分（空所）のあることがわかっている。

□ 「空所」は、場面の展開や登場人物の相互関係をもとに、読み手の想像を含めていくつかの捉え方があることがわかっている。

□ 「そんなやつ」の意味を解釈するためには、設定（登場人物・時期・場所・話題など）や出来事、登場人物の相互関係を読み解く必要のあることがわかっている。

□ 面と向かったコミュニケーション場面では、互いのメッセージの伝達に際して、身振りや表情、声の調子といった要素が大きくかかわることがわかっている。

□大人である現在からの回想が記された部分と、少年時代の体験として描写された部分とを読み分けることができる。

□「そんなやつ」と言われた場面がどのような設定か説明できる。

□「そんなやつ」と言われた前後の流れがどのようになっているか説明できる。

□「僕」がエーミールをどう思っているのか説明している場所を指摘できる。

□「そんなやつ」を言い換えた語句の候補を、いくつか挙げることができる。

□取り上げられた場面で、「僕」とエーミールが見せた仕草や表情、声の調子などについて、考えられるものをいくつか挙げることができる。

〈判断次元〉思考次元で捉えた内容を評価・吟味・選択する事項

□「そんなやつ」を言い換えた語句を選び出すための条件がわかっている。

□本文のどこに着目すると「そんなやつ」に込められた思いが読みとれるか、見当をつけることができる。

□自分と他の人の考えを比べ、共通点や相違点を指摘するための観点がわかっている。

□「そんなやつ」を言い換えた語句として、挙げられた候補の中から最適なものを理由をつけて選ぶことができる。
□自分や他の人が示した考えのよさや問題点を理由をつけて指摘することができる。
□どのように考えるとより適切な解釈になるか理由をつけて指摘することができる。
□どのような仕草や表情、声の調子で表現すると場面にふさわしい状況になるか、挙げられた候補の中から最適なものを理由をつけて選ぶことができる。

〈表現次元〉思考・判断の結果を具体的なことばや動作で表す事項

□自分の考えがどのようにして導かれたのか、筋道を立てて具体的に説明するための方法がわかっている。
□他の人の考えと自分の考えを比べたりまとめたりした内容を、箇条書きや表などの形でわかりやすく示すことができる。
□仕草や表情、声の調子を工夫して、場面にふさわしい状況を演じるための方法を提案することができる。
□他の人の前で、場面にふさわしい状況を工夫してみることができる。

最後に【学びに向かう力、人間性等】の評価について述べます。

授業後のことです。子供たちは教壇で片づけをする私を囲み、「楽しかった」とか「先生、この漢字の読み方違ってたよ」とか、ジャケットにつけた妖怪一反木綿のバッジを指さし、「これ、どこで買ったの（授業前の自己紹介で、妖怪に熱中した中学生時代のことを話題に出すための小道具でした）」などと声をかけてきました。私は民俗学で言うところのマレビト（客人）です。マレビトは冷遇されることも珍しくありませんが、幸いにも、子供たちは見知らぬ来訪者を温かく迎え、作品を解釈してドラマ化するところまで進みました。かれらの表情から、楽しい学びであったことは容易に想像できました。

しかしながら、こうした様子や手応えをもって【学びに向かう力、人間性等】の成長を評価することはできません。**物珍しい学びを面白がるのは、当たり前**だからです。

授業が楽しくスムーズに流れるとき、子供たちの「学びに向かう力」はあまり必要ではありません。ちょうど、車の流れが順調な高速道路を走るときのように、学びには慣性の法則が働き、アクセルペダルを踏みこまなくとも滑らかに進んでいくからです。

むしろ、うまくいかないとか、難しいとか、悔しいといった思いにかられたとき、子供たちはそ**の思いを何とか乗り越えようとして学びに向かう力を発揮する**ことになります。

そして、自分もやればできるんだとか、まだ自分にはできないけれど、いつかできるようになってみせるといった思いがわいてきます。謙虚な自信という人間性が培われます。

ただし、そうした思いがどこでどう生まれるのかは、一人一人違います。たとえばS君の場合、人前で身体表現をすることに抵抗がありました。彼がそのストレスを乗り越え、全員の前でエーミール役を演じようとしたとき、「恥や失敗をおそれずに挑戦する」姿勢が芽を出したのではないかと思います。この姿勢は、ことばの学びのみならず、たとえば他の教科や部活でも効果を発揮するはずです。

【学びに向かう力、人間性等】を評価する場合、それは子供一人一人に対する眼差しを要求します。その眼差しを一回の授業で教師が向け続ける相手は、二〜三人が限界です。全員一律にというわけには、とてもいきません。そうなると、他の子は放っておくのかという疑問が出ます。もちろん、放っておくわけではありませんが、一回の授業で全員一律に深い眼差しを向けることは不可能ですし、そもそも、【学びに向かう力、人間性等】における真の評価主体は、他ならぬ子供たち自身です。我々教師の使命は、子供たちが健全に自己を評価し、それぞれの歩みで、自信をもって学びに挑戦する姿勢が育つように祈ることなのです。

ところで、イギリスでは「学ぶ力（Learning Power）」という名称で、ある研究グループから優れた学習理論が提唱され、非常に多くの学校で受け容れられました。人格教育について長い伝統をもつイギリスですので、我が国が目指す【学びに向かう力、人間性等】を考えるうえでも、参考になると思います。

この内容については、イギリスの人格教育研究の権威であり、私が最も信頼する友人の一人でもある新井浅浩先生（城西大学）から教えられたものです。詳しくは氏の論文等を参照していただきたいと思いますが、ここでは同国で示された「学びに向かう力」がどのようなものか、概要だけ紹介します。

研究グループの代表は、ウィンチェスター大学名誉教授、ロンドン大学客員教授のガイ・クラックストン（Guy Claxton）先生です。クラックストン先生は「学びに向かう力」としての資質を構成する原理として、次の四つのRがつく用語を示しています。訳語は私がつけたもので最適かどうかは自信がありません。一応、言い回しは統一してみました。

○たくましさ（Resilience）：学びの情緒的局面。感じること。
○かしこさ（Resourcefulness）：学びの認知的局面。考えること。

○思慮深さ（Reflectiveness）：学びの方略的局面。やり遂げること。
○心広さ（Reciprocity）：学びの社会的局面。かかわること。

次のページにあるように、四つの構成原理は、それぞれ下位項目として四～五の事項をもっています。これらは子供たちが「学ぶ力」を育んでいくための目標であり、教科の枠を超えて目指す「力」です。全体を「筋肉（Muscles）」としているところが粋です。

この表を見ると、ほぼすべてがことばの学びにかかわる内容であることに気づきます。特に、「たくましさ（Resilience）」の第四項目にある「耐えること（Perseverance）」は、これからの社会を生きる上で最も重要とされる、

「将来の予測が困難な複雑で変化の激しい社会や、グローバル化が進展する社会に、どのように向き合い、どのような資質・能力を育成していくべきか。」

（http://www.mext.go.jp/b_menu/shingi/chukyo/chukyo3/siryo/attach/1364316.htm）

という課題にとって、きわめて示唆的なものです。学びは、**少し難しいぐらいがちょうどよく、悔しい思いをしたときこそ本気になる**ものです。自分に降りかかってきたストレスを成長のエネルギーに変換する力が【学びに向かう力、人間性等】の筋肉なのです。これ

学ぶ力の筋肉（Learning-power muscles）

学びに向かう力（The Learning-Power Dispositions）

たくましさ (Resilience) 学びの情緒的局面 感じること	かしこさ (Resourcefulness) 学びの認知的局面 考えること	思慮深さ (Reflectiveness) 学びの方略的局面 やり遂げること	心広さ (Reciprocity) 学びの社会的局面 かかわること

学びに向かう力（The Learning-Power Capacities）

没頭すること 我を忘れて学ぶことができること。やっていることにうっとりとし、いきいきと流れるように没頭すること。	問うこと 自分自身や他者に尋ねること。好奇心と遊び心の思いをもって、事柄の表層を掘り下げること。	計画すること どこに向かおうとしているのか、どういう行動をとろうとしているのか、どれだけの時間と資源を必要としているのか、そしてどんな壁にぶつかるおそれがあるかについて考えること。	助け合うこと 自分自身や他の人と学ぶのに適切な時期を知り、話合いの中で自分の基盤を確立すること。
注意散漫を管理すること 注意散漫を認知し、それを減らすこと。いつ自分自身から距離を置きリフレッシュするかを知ること。自ら学びの最適な環境を作り上げること。	つながりをもつこと まったく異なる出来事や経験のつながりをさぐり、パターンを構築したり、理解のウェブを編むこと。	見直すこと 異なる環境に応じて自分の計画をしなやかに変え、事柄がどう進んでいるのかをモニターし、新しい機会を探ること。	協働すること 協働的な事業のギブアンドテイクについて自分自身をどう管理すべきかを理解し、他者の視点に対して敬意を払い、それを理解すること。チームの力に加勢し、チームの力を引き出すこと。
気づくこと 経験の微妙なニュアンス、パターンや細部を知覚すること。	想像すること 想像力と直観力を駆使し、新しい経験に自分自身を置くこと。あるいは、可能性を探究すること。「仮に？」と考えること。	抽出すること 何が学ばれているのかを観察し、本質的な姿を引き出し、それらを未来の学びの救いにし、自分自身を学びのコーチにすること。	共感と聴くこと 他者の経験に耳を傾け、他者が真に何を言っているのかを理解することに貢献し、他者の立場に立ってみること。
耐えること 困難に直面しても逃げず、ストレスのエネルギーを生産的なものにすること。「学ぶ」ということはだいたい時間がかかるし、不確実なものだと知っておくこと。	実証すること 論理的、合理的なスキルを呼び出して念入りかつ厳密に作業すること。適切な議論を構築し、他の欠陥を指摘すること。	メタレベルで学ぶこと 自分自身を学び手と認識し、どう学ぶことがベストであり、どのように学びの過程を語ればよいのかを理解すること。	みならうこと 観察している他者から方法や習慣、価値観を建設的に採用すること。
	活用すること より広い世界一他の人々、本、インターネット、過去の経験、未来の機会などからめいっぱいの資源を引き出すこと。		

Sarah Gornall, Maryl Chambers and Guy Claxton, *Buiding Learning Power in Action*, London: PLO, 2013:5. をもとに著者作成

もまた、車の運転と同様です。

なお、この章で紹介した事例におけるさまざまな配慮については、拙著『授業づくりの知恵60』（明治図書出版、二〇一五年）をベースにしています。

新しい学習指導要領では，国語科における見方・考え方を「**言葉による見方・考え方**」と名付けて説明しています。本書ではこれを「**ことばに対する見方・考え方**」と言い換えます。どうしてこのように言い換えたのかはこの章で詳しく触れますが，端的に言えば，ことばを学習対象とする国語科の見方・考え方を明らかにするためには，「言葉による」という言い方では不十分だからです。本章では，言語学的な知見を取り入れて国語科独自の見方・考え方を考えます。やや難解な説明が入りますが，できるだけわかりやすくするために，家を建てる仕事になぞらえながら説明してみます。

第4章

「見方・考え方」を“家を建てる”ことで紐解く

一　ことばの学びにおける見方・考え方という難問

① 解説ではわからない国語科における「見方・考え方」

新しい学習指導要領では、すべての教科等で「見方・考え方」が示されています。それが何かという点については次のように規定されています。

各教科等の「見方・考え方」は、「どのような視点で物事を捉え、どのような考え方で思考していくのか」というその教科等ならではの物事を捉える視点や考え方である。（文部科学省『小学校学習指導要領解説　国語編』、四頁）

すなわち、各教科等が独自にもっている、物事を捉えるための目のつけどころや思考の様式を言います。「物事」は「学習対象」と言い換えても構いません。学習対象とはその教科等が主として扱う学びの素材です。

それでは、国語科における「見方・考え方」はどのように定義されるのでしょうか。『小学校学習指導要領解説　国語編』にはこう書かれています（傍線部引用者）。

言葉による見方・考え方を働かせるとは、児童が学習の中で、対象と言葉、言葉と言葉との関係を、言葉の意味、働き、使い方等に着目して捉えたり問い直したりして、言葉への自覚を高めることであると考えられる。様々な事象の内容を自然科学や社会科学等の視点から理解することを直接の学習目的としない国語科においては、言葉を通じた理解や表現及びそこで用いられる言葉そのものを学習対象としている。このため、「言葉による見方・考え方」を働かせることが、国語科において育成を目指す資質・能力をよりよく身に付けることにつながることとなる。（前掲書、十二頁）

この解説文では、後半部分に「言葉を通じた理解や表現及びそこで用いられる言葉そのものを学習対象としている。」とあります。つまり国語科では、本書で言う「ことば（言語そのもの・言語活動・言語作品）」が教科独自の「見方・考え方」の対象となります。ところが解説の冒頭は「言葉による見方・考え方」とあり、対象であったはずのことばは、対象を捉えたり考えたりするための手段・方略として位置づけられています。

右の問題をはっきりさせるため、傍線部「対象と言葉、言葉と言葉との関係を、言葉の意味、働き、使い方等に着目して捉えたり問い直したりして、言葉への自覚を高めること」についての、より詳しい解説を見てみましょう。

言葉で表される話や文章を、意味や働き、使い方などの言葉の様々な側面から総合的に思考・判断し、理解したり表現したりすること、また、その理解や表現について、改めて言葉に着目して吟味することを示したものと言える。（前掲書、一五四頁）

解説が重点的に述べているのは、国語科が学習対象とすることばそのものに対する見方・考え方というより、それをどう「働かせるか」という運用面です。

念のため申し添えますが、学習指導要領の解説にケチをつけるためにこのような疑問を投げかけたのではありません。実は、この問題については、私も中央教育審議会教育課程部会の中に置かれた国語ワーキンググループの一員として議論に参加しています。正直に言うと、頭を抱えました。自然科学や社会科学等の立場なら、対象をどのような視点で捉え、どのような考え方で思考していくのかはすっきりと説明することができます。しかし、物事を表す道具であり、理解と表現の活動でもあり、また文化財でもある「ことば」を対象に、国語科ならではの見方・考え方を簡潔に言い表すことは、容易ではありません。

②　何が問題なのか

私が何を問題にしており、何を明らかにしなければならないと言いたいのか、具体的に示します。私が単位制高校の教師時代に経験した、あるほろ苦い経験です。

これは、平成元年版学習指導要領一代で消えた「現代語」という科目を担当していたときのことです。ある日、手紙を携えて職員室を訪れる生徒がいました。この科目の受講生である真琴（仮名）でした。緊張で顔がこわばっています。

いやな予感を覚えつつ手紙を受け取ると、逃げるように去っていきました。

封を開けると、こんな主旨の文章が眼に飛び込んできました。

私は、ことばの本質が何かを知りたくて「現代語」を受講しました。ところが、この授業はスピーチや話合いなどの活動ばかりで、私の期待した学習とほど遠い。これでは「国語表現」と何も変わらない。「看板に偽りあり」ではありませんか。

四月当初に行った受講生へのアンケートでは、大半が「人前で論理的に話せる力を身につけたい」と答えていました。だから、スピーチや討論を積極的に取り入れてきました。それを糾弾されてはなすすべもありません。当惑しました。

当惑しながら、真琴がどうしてこんな手紙をよこしたのか、考えました。ここは単位制高校です。落第というシステムはありません。選択した授業が自分に合わなければ、別の時間帯や通信制の授業を取り直せばよいだけのことです。思わせぶりな手紙で担当教師を非難などせずとも、あいつはだめだと烙印を押して授業にこなければすむのです。

あれこれ悩んでいるうち、ふと、こんなことに思い当たりました。

真琴の人生の中で、ことばの本質を追究せずにいられないような深刻な出来事があり、その救いを私に求めているのではないか？

彼女に知られないように注意しながら担任と専任カウンセラーへの聴き取りをし、個人情報カルテを調べてみました。その結果、次のような事実がわかったのです。

真琴は身体の一部に先天的な奇形がありました。彼女は、小学校からずっとそのことでからかわれたりいじめられたりして、長く不登校状態にありました。しかし単位制高校に進学してからは、理解ある教師や友人に恵まれ、安定した高校生活を送っていました。

それにもかかわらず、いまだに身体部分にかかわる特定のことば（Xとしておきます）を耳にするとパニック症状を起こし、ひどい場合は身体が動かなくなっていたのです。

耳や鼻など身体部分を表す語は、ごくありふれたことばです。けれども真琴にとってXということばは残酷な意味をもっていました。その酷さは、いじめから解放された現在、ある意味でより深いものになっていたようです。なぜならXということばによって自分を傷つける相手は、級友ではないからです。彼女を苦しめ続けている加害者は、過去の記憶を背負った自分自身なのです。自分が自分を傷つけている――。

この呪縛から抜け出すためには、ことばという記号がもつ仕組みを理解し、その正体を見抜くより他にない。真琴はそれを私に察してほしかったに違いありません。

この出来事は、「ことばに対する見方・考え方」の甘さがどういう問題を引き起こすかということを示唆しています。真琴から手紙をもらうまでの私は、「言語活動のあり方・進め方」に心を砕き、「ことばに対する見方・考え方」を十分に考えていませんでした。絵画でも音楽でもない、ことばという記号が本質的にもっている特性は何か。そのことについて腰を据えて考えないまま、ことばの運用面に心を砕いていました。いわば見せかけのアクティブ・ラーニングだったのです。

それでは、私は、ことばに対してどのような見方・考え方を心得ておくべきだったのでしょうか。当時、私は「現代語」教科書の編集委員を務めていました。同じ委員の中に、言語文化学が専門の氏家洋子先生（当時明星大学教授）がおられました。彼女は意味論や語用論に詳しく、編集委員会の折に、ことばと意味の関係についてさまざまな参考書を紹介してくださっていました。そのときいただいた資料が活路をひらきました。

たとえば「耳」とか「鼻」といった語の意味は何かと問われれば、我々は自分の身体の該当箇所を思い浮かべ、この記号が何を指し示しているのか確認します。しかし、ここで注意すべき問題は、記号が具体物そのものではないということです。このことは、たとえばネコという語で考えるとよくわかります。私たちは、ネコと聞けば、敏捷な小型肉食獣を思い浮かべます。しかしその姿は三毛だったりブチだったりと、人によって異なります。

このことを、一般意味論では「地図は現地ではない」という言い方で説明しています。ことばは記号であって、指示対象と同じではないということです（Ｓ・Ｉ・ハヤカワ『思考と行動における言語　原書第四版』岩波書店、一九八五年参照）。

そのため、我々は、あることばを受け取ると、自らの知識や経験から独特のイメージをくっつけます。ネコと聞いて頬ずりしたくなる人もいれば、いまいましげに感じる魚屋の主人もいるのはそのためです。真琴が身体部分を指すことばに対して強い不快感を覚えてしまうのも、経験がもたらすイメージなのです。

ことばと意味の関係がこのようなものだと理解すると、ことばの意味には、少なくとも次に示す二つの意味があることがわかります。

Ａ　社会の共有概念として付与される一般的・辞書的な「意味」
Ｂ　個人の語彙知識として形成される個別的・経験的な「意味」

真琴が苦しんだのは、Ｂの意味です。相手はＡの意味でＸということばを口にしたことが理性ではわかっていても、それをものすごく不愉快なことばとして受け止めてしまう。この苦しみから解放されるためには、ことばをどのようなものと認識すればよいのか。それこそが、真琴が「現代語」に求めた学びだったのです。

かくして、真琴の苦しみを解放する方途を考え続けているうちに、私は、ことばの意味には第三の相があることに気づきました。それは、

C　コミュニケーションの実際場面で合意される文脈的・状況的な「意味」

です。たとえば遅刻した生徒に教師が厳しい表情で「今、何時ですか」と言い、生徒が「寝坊しました。すみません」と返答したとします。この場合、「今、何時ですか」とは、遅刻をたしなめる意味で共通理解されています。我々はコミュニケーション場面の文脈から互いのことばの意味を合意するのです（ヤコブ・L．メイ『ことばは世界とどうかかわるか』ひつじ書房、一九九六年参照）。

真琴が身体部分を指すXということばから受ける苦痛を克服するためには、この第三の意味を適切に経験し、Bの意味を更新するほかありません。なぜなら彼女を苦しめ続けて

いるBの意味は、過去に経験されたコミュニケーションが生んだものだからです。それをごく普通の意味で上書きするためには、他者とのかかわりなくして不可能です。すなわち彼女には、他者と心から安心して打ち込める言語活動が必要なのです。

以上のことを自覚した後、「現代語」の授業で、私はことばと意味の関係について学ぶ場を設けました。ことばという記号は実物を抽象した概念であることを説明し、ことばの意味は社会的・文化的・歴史的・生活的に生まれ変容するのだということを講じました。そして、「過去の経験によって生まれたことばの意味が不適切なものであったら、適切な経験を重ねて上書きするしかない。だからこの授業では、いやこの学校では安心して臨むことのできる様々な表現活動を提供するのだ。」と説きました。巷間いわゆるアクティブ・ラーニングとはかけ離れた、講義中心の授業でした。

真琴はいぶかしげに座っていました。けれども私の真意が届いたかは、みんなが教室を出た後でわかりました。

彼女は、教室の片隅に座ったまま、泣いていたのです。そしてその顔は穏やかでした。

▼二▲家を建てるイメージでことばに対する「見方・考え方」を捉える

① 家を建てる作業から見えてくる「見方・考え方」の枠組み

いじめとまではいかないにせよ、級友や、ときには家族から、何気ないことばによって傷つけられる子供は決して少なくありません。そうした日常生活での苦しい思いを隠し、表向きだけいきいきと話合いに向かっている子供の姿は、痛ましく思います。

ことばとはどのような特性をもった記号あるいは行為であり、ことばを使う場や人々にどのような効果や影響を与えるのか。我々はことばとどのように向かい、使いこなすことが求められているのか。こうした問いへの答えが「ことばに対する見方・考え方」なのです。ことばの学びの根本原理にかかる問題です。右の答えが子供たちの身体に感覚として了解されたとき、かれらはことばを注意深く使うようになり、自らを傷つけようとすることばに対して、つよくなるはずです。

それでは、ことばに対する見方・考え方とは、どのような枠組をもって理解すればよいのでしょうか。

この問いについて、これから本書なりの考えを示したいと思います。

たとえに出すのは家を建てるという作業です。家を建てる作業は大別して道具の次元、建築の次元、建物の次元と三つあります。これをことばの学びに見立てていきます。

「住宅建築における土地の『見方・考え方』とは何ですか?」

こう問われた場面を想定しましょう。

答えはこうなります。

地目は何で、どんな法規制や建築条件をもっているか、日照たりや水はけ、駅や公共施設からの距離はどうなっているか、評価額はいくらかといった視点・観点で土地の特性を捉え、その特性に基づいて家を建てる条件等を判断するための思考様式。

それでは、家を建てるのに使う道具に対する見方・考え方は何ですかと問われたら、何と答えればよいでしょうか。ノミやカンナは木材を加工するための物品であって、それに対する見方・考え方とは何かと聞かれても、すぐには答えが浮かびません。

ノミやカンナと同様、ことばの最も基本的な存在理由は、何かを理解し、表現し、人間関係を形成するための「道具」であることです。この場合、見方・考え方の対象はことばそのものではなく、通常、ことばを使って示された内容になります。

たとえばここに世界遺産「白川郷」を紹介した写真つきパンフレットがあるとします。これに対する社会科的な見方・考え方とは何でしょうか。地理的な見方だと、地形や土地利用のわかる写真に関心が向かいます。歴史的な見方では、かつて平家の落人が移住して合掌集落を形成したという解説に目が向きます。公民的な見方では、この地域の景観保護条例の解説が話題になります。つまり対象を空間的・時間的・制度的に捉え、その特徴を理解するための思考の向かい方が、社会科の見方・考え方になるわけです。

しかし国語科の場合、そうはいきません。これが大きな問題なのです。

国語としてことばそのものに対する見方・考え方を考えようとするとき、大きく分けて三つの次元が想定されます。

一つ目は**道具としてのことば**、ことばそのものをどう見るかという問題です。ことばをノミやカンナと同じものだと考えてください。ノミやカンナそのものが、どんな仕組みや働きを持っているかというのと同じ視点でことばを捉える次元の見方・考え方です。

道具としてのことば

言語活動としてのことば

言語作品としてのことば

二つ目は**言語活動としてのことば**、ことばが使われる場面をいかに見るかという問題です。建築現場でノミやカンナを使う場合、作業する場の特徴、目的と方法、使い方などを知る必要があります。ことばも同じです。その言語活動でことばがどう使われ、どのような要素が用いられているか、この次元における見方・考え方です。

三つ目は**言語作品としてのことば**、物語や詩歌、評論など、ことばによって組み立てられたものに対する見方・考え方です。建てた家をどのような視点から捉え考えるかという次元です。たとえば文学には文学独自の読み方があります。ある小説に「赤い服の少女」と「青い服の少女」とが登場したとき、服の色は二人の性格を表す象徴だと認識して読むのが、言語作品としての見方・考え方になります。

以下、これら三つの次元ごとに、ことばに対する見方・考え方を考えていきましょう。

② 道具としてのことばに対する「見方・考え方」

道具そのものに対する見方・考え方を設定するためには、それがもつ原理的な仕組みと働きを理解する必要があります。ノミやカンナは金属製の刃と木製の胴体、両者をつなぐ部品とで構成された木材加工の道具です。その働きとは、刃先部分を木材にあて、所定の圧力を加えることによって、木材から一部をはがすというものです。このような仕組みを理解して対象を捉え、扱うための思考の向かい方が、道具に対する見方・考え方です。

これと同様の立場で道具としてのことばを捉えた場合、その代表的な原理は**「概念化」**と**「線条性」**の二つになります。

まず「概念化」について説明します。

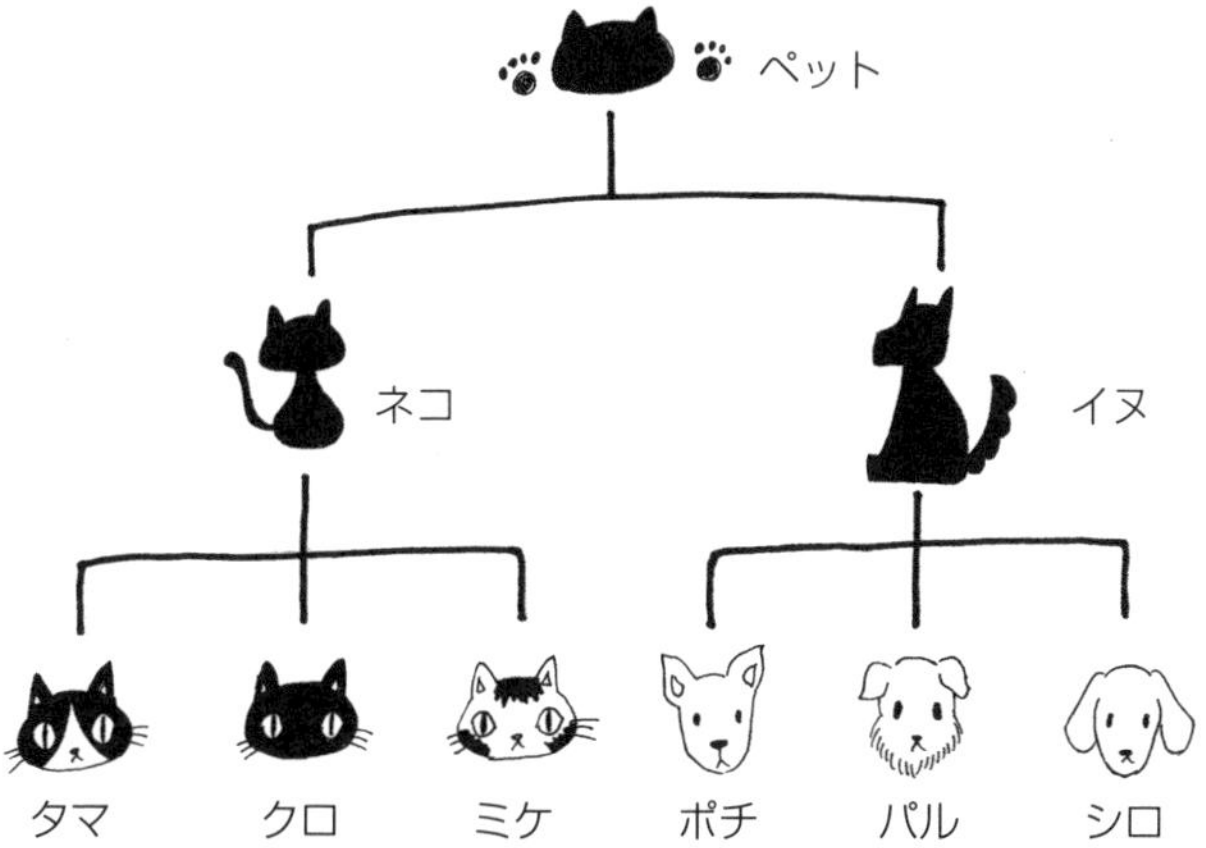

この部分は、先に述べた真琴の話を思い出しながら読んで下さい。

たとえばここに、自宅で飼っている小動物がいるとします。それを、ミケとかクロとかタマなどと名づけているとします。このとき我々は、その名が、他ならぬ一匹の実在する個体を意味する唯一の記号だと認識しています。一対一対応の関係ですから、ミケやタマという名前が実在する小動物そのものだと考えるのは、感覚的には自然です。

ところがこの小動物には、ひそかに何軒かの家を渡り歩き、それぞれの家で飼われているかのようにふるまう性質があります（環境的にそうしない場合もあります）。別の家ではミケはブチ、タマはミーコと呼ばれているかもしれま

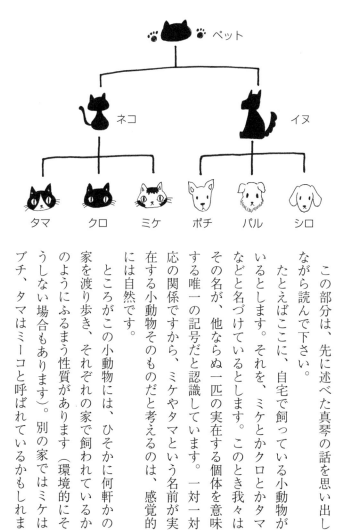

せん。すると、先ほどの名前は、特定の実在する個体と一対一対応の関係にあるのではなく、たまたまその家に住む人によって名づけられた、恣意的な個体識別の記号にすぎないことになります。

さて、その小動物と似た動物を街で見かけ、ニャーと鳴いているとします。このとき、我々はこの個体をネコと呼びます。ネコとは自分の家で飼っているミケやタマとよく似た特徴をもつ小動物をひとまとめにしたことばです。さらに、シロ、ポチ、ラビちゃんなどと命名され、その愛くるしさで人の心をいやしたり、ときにまどわせたりする小動物たちを総称するときは、ペット、あるいは伴侶動物などと呼びます。

このように、ことばはある共通点をもった対象を幅広く示すことができます。ただし、それをどう名づけるかは場合によります。つまり、ことばとは、**それが示すことのできる対象とできない対象とを識別するために、人間社会で合意された記号**なのです。記号ですから、対象がその場にいなくとも、我々はそれについて語ることができます。

イルカやカラスなどもことばをもっていると言われていますが、人間以外の動物がもつことばは、その場で実際に見たり感じたりした対象を指示することしかできません。これに対して我々人間は、実在するネコがここにいなくとも、ネコについて語ることができるのです。これが「概念化」です。

どういうことかまとめます。

我々が知覚し認識し思考する対象を特定のイメージに変換し、そうでない対象と識別するために、ことばという記号を付すこと。

概念化という特性は、しばしばコミュニケーションの混乱をもたらします。私はそれを実感する例として、講演会の折などに次のような課題をやってもらいます。

「手元の紙に『虫』の絵を描いてみましょう。そして、隣の人と見せ合いましょう。」

毛虫、アリ、チョウ、トンボ、カブトムシ、ゴキブリなど、人によって様々な絵が描かれます。それを見せ合い、笑い合った後で、こう問いかけます。

「『虫』と聞いていやなイメージをもっている人？　反対にいいイメージの人？」

全員が一方のイメージだけに手を挙げた講演会場は、一度もありません。つまり「虫」ということばは、さまざまな具体物や生活体験を思い出させ、人によって正反対のイメージを与えてしまうのです。「虫」に対して異なる具体物やイメージを思い出す人同士が、そうとは知らずに語り合えば、ちぐはぐなコミュニケーションが始まることでしょう。

実際、欧米人に向かってタコがどんなに美味しいかについて語るとき、タコとほぼ同じ対象を指すOctopusということばに悪魔の使いとか不気味な生き物というイメージをもつかれらの多くは、眉をひそめるでしょう。このようなギャップが特定の組織や国や宗教を対象にしている場合、語り合う人同士の関係は深刻な亀裂を生じかねません。


しかしその一方で、概念化という特性は重要な利点も我々にもたらしてくれています。先ほども述べたように、いま・ここに存在しない対象について指示したり語り合ったりすることができるという利点です。この利点によって、我々のことばは、あらゆる対象を相手にすることができるようになりました。

こういうことです。概念化によって、我々は、過去や未来の出来事、味覚や嗅覚などの感覚、思想や感情などの思考内容を指し示すことができるのです。

たとえば、

「昨日、駅前で食べたラーメンは濃厚で鮮烈で、すごくおいしかった。」

という話を耳にしたとしましょう。我々は、話題内容が過去のことであり、駅前で食べたラーメンが話者の味覚を満足させたことを了解します。概念化できなければ、このような情報を適切に伝えることは不可能です。右の話を絵やジェスチャーで表そうとしてみれば一目瞭然です。ことばによる概念化を抜きにして、メッセージは了解されません。

次に、「線条性」についてです。

線条性とは「時間軸に沿って記号を並べることで情報を伝達する一次元的表現特性」のことを言います。左から右へ、右から左へ、上から下へといった順序で配列された記号を、その順序に従って聞いたり読んだりしていかないと内容が理解できないという性質です。

この性質は必ずしもことばに限ったことでなく、漫画や音楽などについても当てはまります。ただし、漫画の場合、コマからコマへの読み取りは順序に従う必要があるものの、一つのコマに描かれたセリフや擬音語に対してはこの限りではありません。また、音楽の場合、旋律や音色の違う楽器が同時に耳に届いても、我々はこれを一つの楽曲として鑑賞します。

これに対してことばは、一度に十人の話を聞き分けた聖徳太子でも、複数の人が同時に語る話を一つの意味内容として了解することはできません。

つまりこういうことです。


ことばによって何かを表現したり理解したりするためには、そのことばを使う社会で共有された規則（文法）に従い、一本の線をたどるようにこれを行わねばならない。


一人がある母音や子音（音素）を順々に発すると、それを耳にした人は、ことばが伝達されていることを察します。そして、音素の組み合わせから意味あるまとまり（形態素や語）を取り出し、それを一定の規則にそくして組み合わせることで、文という構成を了解します。かくして相手のメッセージを受け取るのが、ことばを聞き取る仕組みです。

概念化と同様、線条性にも、それによって生じる様々な限界と利点とがあります。

最初に限界について考えてみます。

次のページの絵を見てください。しばらく眺めて、何が描かれた絵だと理解したか説明してみてください。原画は、透明水彩のレモン色と橙色を基調に、茶、深緑などの色彩を

用いて描かれています。

講演会で同じ課題をやってもらうと、次のような回答があります。

「秋の夕暮れ。一頭の鹿がたたずんでいる風景です。」

「信州や東北の山奥。秋のススキの生まれ故郷です。」

「人の住む村と野生の住む森と、共存し得ない二つの世界について描かれた絵です。」

一番の回答が最も多いですが、どれも正しくこの絵を捉えています。絵や写真のような映像は、いつでもどこからでも見ることができます。ある部分を焦点化することもできれば、一部を切り取ることも可能です。描かれたものをどのような順序で見るかも自由です。このようにして情報を受け取ることを、**ランダム・アクセス**と呼んでおきます。

ランダム・アクセスのできる絵や写真は、複雑な情報をすばやく処理することを可能にします。そのため我々は、絵や写真を見ると、何が描かれているのかを、一瞬で理解することができます。

ことばはこういうわけにはいきません。その証拠をお見せします。

実はこの絵は私が大学生のときに描いたもので、作画の元になっている詩があります。今度はその詩を読みながら、先ほどの絵をご覧ください、

「鹿」　村野四郎

鹿は　森のはずれの
夕日の中に　じっと立っていた
彼は知っていた
小さい額が狙われているのを
けれども　彼に
どうすることが出来ただろう

彼は　すんなり立って
村の方を見ていた
生きる時間が黄金のように光る
彼の棲家《すみか》である
大きい森の夜を背景にして

『亡羊記』（政治公論社、一九五九年）

詩に合わせて先ほどの絵を見るとき、我々は基本的に詩に示された順番通りに目を追うことになります。そして、「生きる時間が黄金のように光る」までたどりついたところで全体を俯瞰し、この絵で表そうとしているものが野生の孤独や夕焼けの美しさではなく、己の死という運命を覚悟した存在の内面に出現する、光り輝く生の感覚なのだと了解することになります。他の見方は許されません。

情報伝達においてこうした規制の働くことが、線条性という特性がもつ限界です。そのため、述語を原則として文末に配置する日本語では、こんなことが起こります。

私が都会暮らしを始めて間もない時分の話です。中野駅から代々木駅へ行くため電車に乗った私は、乗るべき路線がこれで正しかったのか、不安にかられていました。新宿駅を出てしばらくすると、のんびりした口調で車内アナウンスがありました。耳を傾けると、「この電車はー、代々木ぃー。千駄ヶ谷ぁー。信濃町ぃー。飯田橋ぃー。水道橋ぃ……」と、停まる駅名を告げています。「この電車で正しかったんだ」と安心したのも束の間、アナウンスの最後に現れたことばによって、私が乗っていたのは総武線ではなく中央線だということに気づいたのです。

「……にはー、停車しませんのでー、ご注意下さーい！」

もう一つ紹介します。これは限界というより線条性がもたらす影響というべき例です。いつも待ち合わせ時刻に遅れてくるAさんに対して、あなたは少なからぬ不満をもっているとします。けれども一方では、Aさんがとても親切な人であることに好意的な印象ももっているとします。

Aさんに向かって、あなたが抱く不満と好意をどのような順序で伝えるかは、極めて大切な問題です。候補となる二つの言い方を比べてみましょう。

候補1「Aさんってとても親切な人だけれど、時間にはルーズだよね。」

候補２「Ａさんって時間にはルーズだけれど、とても親切な人だよね。」

異なる二つの思いを伝えるという点では、同じことを言っています。しかし二つの文が与える印象は対照的です。候補１の言い方を選んだ場合、Ａさんはあなたが自分に不満を抱いていると思い、嫌われるのが不利だと思えば自分の行動を見直すはずです。ただし、Ａさんの心が狭いと、あなたに対して反感を抱くことになるかもしれません。一方、候補２の文で時間にルーズな部分をたしなめられたＡさんは、あなたが自分をほめてくれたと感じ、あなたへの反感は候補１より軽くなるはずです。ただしこの場合、Ａさんがあなた自身をも軽く見ていると、いつもの遅刻癖は治りにくくなります。

次に、線条性のもつ利点について考えてみましょう。

私はかつて、岩手大学附属中学校の一年生を相手に、先ほどの絵を使って小さな物語を創作する授業をしたことがあります。作品を二つ紹介します（傍線引用者）。

夕日にそまる山。夕日にそまるすすき畑。ここは、ぼくが一番落ち着くところ。

風にふかれながら、ぼくはずっとここにいる。

あの山のむこうには何があるのだろう。この空の上には何があるのだろう。

そんなことをずっとずっと考えている。

＊　＊

日が暮れて、夕やけに村は照らされ、こがね色に光っていた。

草原の中には、一頭の鹿がいた。そこに、鹿をねらう狼がいた。

だが、いくら狼が鹿に近づいても、鹿は動かなかった。

狼は、鹿の視線を追ってみた。そこにはうつくしく照らし出された村、赤く染まった山々があった。狼も狩りを忘れたのか、その景色をながめてしまうのだった。


線条性がもつ最大の利点は、**伝えようとするメッセージに時間的な順序、言い換えれば「物語」を与えることができる**という点です。二人の物語の傍線部分を読むと、それぞれあの絵のどこに着目し、視線をどう動かしていたか、手に取るようにわかります。一枚の水彩画に流れや動きが生まれ、文字通り物語としての命を吹き込まれています。

ランダム・アクセスは効率的に情報を処理することができるものの、右のような効果を生むことはできません。示された情報のどこでも自在に行き交うことができるという特性は、時間の流れという縛りから自由であると同時に、それを利用できないのです。

少し話がそれますが、このことは、我々にとって「時間」とは何かという認識を改めて考えさせます。我々は通常、時間とは過去から現在、未来へと流れる不可逆の動きとしてこれを理解しています。

しかし、現在より過去の出来事はすべて記憶という容れものにしまわれ、いつの時点にも自在にアクセスすることができるようになっています。だから、同級会の席で中学時代の思い出話に花を咲かせた後、成人式でのハプニングに話題が移って盛り上がるなどということができるのです。その意味では、過去から現在に至るまでの時の流れは、「時間」という概念に属しません。時間とは、現在から未来、すなわち**既知の世界から未知の世界に向かってたった一本の線をたどる不可逆の流れに限定される**のです。

時間をこのような認識で捉え直すと、ことばとは、時間を担う最も重要な装置であるということができます。我々はことばを発し受け取ることによって、現在から未来へ流れる時間を経験するのです。未来を創造すること、それが線条性の可能性です。

未来に向かう行為であるがゆえに、ことばには**予測**という行為が常に伴います。次に何を言うか、何が示されるか、我々は予測しながら先に進み、新しいことばに心動かされ、裏切られ、はっとするわけです。こうした精神活動は、線条性なくして生まれません。

ただし、このように言うと、当然ながら次の反論が予想されます。

ことばによるものであっても、文字で書かれた文章や録音・録画された音声・映像は、ランダム・アクセスができるから、今述べた時間概念に属さなくなるのではないか。現に手に取った本をどこから読むかは読者の自由だし、録音・録画された記録もこれと同様に扱うことができるではないか。

確かにことばによって示される情報でも、文字や電子媒体などを用いて記録されたものは、どの時点にも自在にアクセスすることができます。

しかしながら、文字や電子媒体に記録されたことばであっても、これを受け取る行為は常に線条性の原理に従わねばなりません。ことばをことばとして了解し、意味内容を把握するためには、どのページから本を読み始めようとも、前の文章を読み直そうとも、現在から未来に向けて一本の線をたどるように読み進めなければ理解できないのです。

もう一つ、線条性がもつ大きな利点を紹介します。線条性は、数学でいうところの**順列**の法則による性質です。これに対して映像は、**組み合わせ**の法則によっています。

順列と組み合わせの決定的な違いは、バリエーションの多様性にあります。たとえばここに、「さ」「く」「ら」という三つの文字があるとします。この三つをすべて用いた組み合わせは一つです。ところが、順列では「さ・ら・く」、「く・さ・ら」など、六種類の並び方が存在します。これらがそれぞれ別の意味をもっているとすれば、順列は組み合わせの六倍の語をカバーすることがわかります。

この違いがことばにとってどのような福音をもたらしたかというと、**限られた音で無限の意味内容を表すことができる**ということです。世界には六千から七千もの言語があると言われています。しかし世界で使われる母音と子音（音素）は、百に満たないそうです。

世界的に最も短い形式で表現される言語芸術の一つに俳句があります。使われる拍の数は十七です。もしもこれが組み合わせの法則（使われた文字が同じなら、順序に関係なく一つとして数えるという法則）によっていたら、あっという間に創り尽くされています。けれども、線条性の原理をもつことばは、無限に創ることができます。概算すると、意味ある俳句を創り尽くすには、二十億人が毎日百句詠んで四千八百万年かかります。一方、組み合わせで計算すると、二万人が一日に一句詠むだけで、一年足らずのうちに創り尽くされてしまいます。

概念化と線条性。この二つが道具としてのことばの持つ二大特性です。ことばは、実物そのものではなく、対象をある概念に変えてしまう道具である。ことばは常に一本の道をたどるように表現され理解される時間的な道具である。このような認識でことばを捉え、その扱い方を知ることが、道具としてのことばに対する見方・考え方の基本です。

③ 言語活動としてのことばに対する「見方・考え方」

道具としてのノミとカンナは、ともに木材の一部を分離させる道具としての原理的特性をもっています。しかし実際の作業では、その削られ方や用途などに違いがあります。

まず、削られ方の違いを見てみましょう。ノミは木材を狭く深く削り、カンナは木材を広く薄く削ります。この違いは、ノミやカンナで木材を削る際の効果が異なることを意味します。繰返しになりますが、ノミは狭い範囲を深くうがつという効果、カンナは平たい範囲を薄くそぐという効果です。

効果に着目すると、必然的に次の点についても考えることになります。

・どのような場で誰が誰（何）に対してこれを使うのか。（環境）
・何のためにその効果を得ようとするのか。（目的）
・どのようにしてその効果を得ようとするのか。（方法）

ノミもカンナも、木造建築にかかわる場所で、大工さんが木材に対して使います。ただその場所は、工務店の作業場の場合もあれば一戸建て住宅の建築現場、あるいは寺社仏閣の修繕現場など、様々です。これが環境です。

そうした環境のもと、ノミを使う基本的な目的は、木材どうしをつないで構造体にすることにあります。そのために木材の一部をえぐり取り、穴を空けたり凸の形にしたりして形を整えます。削る深さはノミを打ち込む力の入れ具合と刃先の角度とで調整します。

カンナは、木材どうしをぴったり合わせたり、床や柱を滑らかに整えたりするのが目的です。そのために、木材の表面を引きこするように削ってつるつるにします。削る厚さは刃先の出具合と引く力の入れ具合とで調整します。

建築現場で使われるノミやカンナに対する見方・考え方とは、いま述べたような環境・目的・方法・効果に基づいてそれぞれの道具の特性を捉え、どのようにこれを取り扱えばよいかを把握するための思考の向かい方です。それによって、これらの道具がどこでどう使われ、使う人間にはどのような技術を要求し、注意するのはどこであるかといった問題への答えが見出されるのです。

カンナとノミの例を手がかりに、言語活動としてのことばに対する見方・考え方を検討していきましょう。ここでも、まずは具体的な事例をもとに考えてみます。

宮沢賢治『やまなし』は、谷川に住む、かにたちを主人公にして語られる幻想的な物語です。十二月の夜、成長したかにの兄弟は吐く泡の大きさ比べをしています。弟のかには何か一つでも兄を超えたくて、自分の泡のほうが大きいと言い張ります。けれども、兄は譲りません。そこへお父さんがやってきます。その部分の会話を引用します。

また、お父さんの蟹が出て来ました。

「もうねろねろ。遅いぞ。あしたイサドへ連れていかんぞ。」

「お父さん、僕たちの泡どっち大きいの。」

「それは兄さんの方だろう。」

「そうじゃないよ、僕の方大きいんだよ。」

弟の蟹は泣きそうになりました。

そのとき、トブン。


さて、この会話の順序を入れ替え、次のように書き直してみます。元の文章と比べて、順序以外に変わったと思われる部分はあるでしょうか。


また、お父さんの蟹が出て来ました。

「お父さん、僕たちの泡どっち大きいの。」

「それは兄さんの方だろう。」

「そうじゃないよ、僕の方大きいんだよ。」

「もうねろねろ。遅いぞ。あしたイサドへ連れていかんぞ。」

弟の蟹は泣きそうになりました。

そのとき、トブン。

「弟の蟹は泣きそうになりました。」の意味合いが変わったはずです。一般に、「泣く」ということばは何かに強く心を動かされた主体が、しばしば涙腺から涙を溢れさせるという生理現象を伴って、そのことを表出する行為を指します。ですから弟のかにには、この場面で何かに強く心を動かされたと了解されます。問題は、何に対してどのように心が動かされたかです。

原作ではこうなります。自分の泡のほうが大きいと言い張る弟のかにが、出てきた父に判断を求めたものの、期待外れの結果を聞いて四面楚歌の状態になったという状況です。そのため、弟のかには誰にも自分の優位が認めてもらえない悔しさから自分がかわいそうになり、思わず泣きそうになったと解釈することができます。

これに対して、書き換えた文章は状況が異なります。どっちの泡が大きいのか、真剣に尋ねる弟のかにですが、父にはどうでもいいことのようです。それより早く寝かしつけることが優先だと判断したのでしょう、弟の訴えを退け、いかにも煩わしそうに「もうねろ」と話題を打ち切っています。その直後に泣きそうになる弟のかには、父への不満ややりきれなさ、相手にされない切なさなどがこみ上げているはずです。

この事例からわかるように、言語活動としてのことばの根底にも道具としてのことばで述べた概念化と線条性の原理があります。話し手や書き手は、これら二つの原理を用いて自らが表したいメッセージをことばに託し、同じく聞き手や読み手も、概念化と線条性の原理に従ってメッセージを把握します。問題は、**そのプロセスがどうなっているか**です。ここに、言語活動としてのことばに対する見方・考え方が存在します。

原作における「泣きそうになりました」では、三人（匹）家族のあたたかなつながりは保たれています。そのあたたかさに守られながら、自らの成長をいち早く確かめたい弟のかにが存在しています。作品ではかにが主人公ですが、表現者は幼い子供の心理を見事に観察しています。このことを、幻想的な童話作品という環境の中でことばに託し、読者に子供がもつ純真な心に共感してほしいというのが、おそらく表現者の目的です。

右の目的をかなえるため、表現者は先ほど示した配列で家族の会話を描きます。誰かが泣きそうになるとき、我々は通常、その要因を過去の出来事に求めます。特に泣きそうになる直前に起きた出来事は相手の心を動かす重要な要因であると判断します。このようなメカニズムがことばを組み立てる際の方法として利用されているわけです。
こうして描かれた先の文章を読んだ読者は、弟のかにが泣きそうになった場面の状況と彼の心の動きを、先ほど述べたように解釈します。この効果が現れることによって、所期の目的が達成されることになります。

今述べた環境・目的・方法・効果は、物語の読みだけに限りません。あらゆる言語活動は、次の要素を必要としています。そしてこれらが言語活動のプロセスを構成します。

○ことばが交わされる場はどのような状況であるか。（環境）
○ことばにかかわる言語主体はどのような関係か。（環境）
○ことばを交わすことで言語主体が目指すものは何か。（目的）
○言語主体はどのような語彙とことばの配列とを用いて表現し理解するのか。（方法）
○ことばが交わされることで言語主体にはどのような効果が生まれるのか。（効果）

これらの要素のうち、「**環境**」は、広い意味では文化を指します。もとより文化は言語活動と相互規定の関係にあり、時代や地域によって変化し多様性をもっています。『やまなし』の物語世界には、水資源に恵まれ、山中他界観（山に神々の住む世界があるという民俗観念）と仏教観（輪廻の思想）とを背景にもつ我が国の文化が見て取れます。

文化より狭い意味では、その言語活動にかかわる主体がどのような立場や関係にあるかといった問題がこれに相当します。当然ながら、これらも時間的・空間的に変化・多様化します。『やまなし』のかにの兄弟も、五月と十二月とで関係に変化が現れています。

「**目的**」は、言語活動にかかわる主体が、ことばを交わそうとする動機を自覚することによって生まれます。その動機を原理的に整理すると、次の四つのうちいずれか、または複数になります。

・新たな情報を手に入れ、既存の情報に対して追加・補強・修正・更新をしたい。
・情報を提供し、相手がもつ情報に対して追加・補強・修正・更新をしたい。
・相手の態度を変えたりある行為をさせたりして、自分の欲求や期待をかなえたい。
・相手に対して自分の態度や行為を示し、自分の欲求や期待をかなえたい。

『やまなし』の物語世界で考えると、たとえば、どっちの泡が大きいか父に尋ねようとした弟のかにの目的は、父から自分に有利な答えを手に入れ、自分の主張する情報を補強したいというものです。逆効果でしたが――。

「方法」は、すでに述べたように、概念化と線条性の原理に基づいて、実際にことばを組み立てたり受け止めたりする手続きを指します。ただし実際に行われる言語活動では、ことばの組み立てと受け止めにあたって、次の四つのうちいずれか、または複数の働きが選択されることになります。引用例を参照して下さい。

・情報を要求する。（例「僕たちの泡どっち大きいの。」）
・情報を提供する。（例「それは兄さんの方だろう。」）
・態度を変えたり行為したりするよう依頼・命令する。（例「もうねろねろ。」）
・自らの態度や行為を表す宣言をする。（例「あしたイサドへ連れていかんぞ。」）

「効果」は、一連のことばのやりとりがどのような影響や反応をもたらしたのかという問題です。ただしここにいう影響や反応は、あくまでもことばのやりとりそれ自体がもつものです。ゆえに、次の四つのうちのいずれか、または複数になります。これらの効果が期待通りに現れるか現れないかによって、目的が達成されるかどうかが決まります。

・情報が自分の手に入る（求める情報が相手にないという情報を含みます）。
・情報が相手に受け取られる。
・相手が態度を変えたりある行為を選択したりする（拒否というのも効果です）。
・自分の態度や行為が外部に示される。

それでは、これらの要素を貫く、あるいは包み込む原理とは何でしょうか。どの要素をも貫き、また包み込む基本原理。それは「脈絡（context）」、言い換えれば、前後関係です。ことばをテクストとして実際に組み立て受け止める「方法」はもとより、「環境」でも「目的」や「効果」でも、そこで取り交わされる要素のすべてはそれぞれが分かちがたく関連し、前後関係をもっています。その際、ことばは言語活動で扱う対象に関係性と流れとを生み出し、固有の脈絡を作る働きをします。

言語活動場面における脈絡は、いま・ここでやりとりされていることばに独特な「意味」を与えます。ここで言う意味とは、私のほろ苦い経験の中で述べた概念的な意味だけでなく、次の三つの要素を含みます。

・そのことばが表す概念。前に述べた意味はすべてこの要素に含まれています。

・そのことばが相手に促そうとする行為。たとえば「雨が降ってきた」ということばで相手に洗濯物を取り込みに行くことを依頼する場合など。

・そのことばが相手にもたらす態度や感情。たとえば医者から「治してあげます」と言われて安心したり、その医者への信頼感が増したりすることなど。

これら三つの意味は、専門的には「発語行為・発語内行為・発語媒介行為」と言います。対人コミュニケーションとしての言語活動では、交わされることばは、これらを基本的にぜんぶもっていると考えられています（Austin, J. L. *How to Do Things with Words*. UK: Oxford University Press, 1962.【坂本百大訳『言語と行為』大修館書店、一九七八年】）。

言語活動場面でやりとりされることばの意味は、言語活動の脈絡を作ると同時に、自らその脈絡によって意味が規定されていくという相互作用の関係にあるのです。

本書では、この作用を「**文脈化**」と命名し、次のように定義します。

> **言語活動場面におけることばによって脈絡（前後関係）が形成され、脈絡の中でその言語活動固有のことばの意味が生成されること。**

少しシリアスな具体例で補足します。

たとえば家族がお金に困っていることを電話で知らされたあなたが、ただならぬ事情に動転して依頼通りにお金を振り込んだとします。その後で、実は家族とは関係ないことを知った場合、あなたは自分が大金をだまし取られたと後悔することになります。あなたが最初に電話を取った時点で聞かされたことばは、家族が緊急にお金を必要としている虚偽の情報とともに、あなたを動転させてお金を振り込ませるという意味の生成が期待されていたのです。悔やんでも悔やみきれないのは、あなたが自分自身でそうしたことばの意味の生成に貢献してしまったことです。

もしもこのとき、あなたが電話の内容は本当かどうか確かめる対策（本人確認の符牒を求めるなど）を講じ、それに基づく脈絡を銀行に向かう前に差しはさませていたら、犯人がもくろんだことばの意味が生まれることはありません。このように、ことばがもつ意味は場面の脈絡を作り、同時に脈絡はことばの意味を生み出していくのです。

残念ながら、特殊詐欺の被害は後を絶ちません。後を絶たないわけは、詐欺集団が言語活動における文脈化の威力を熟知し、これを巧妙に利用しているからです。かれらは嘘で塗り固めたことばがあたかも真実であるかのように、場面の脈絡を作ります。自分だけはだまされないと豪語する人が、この詐欺にひっかかった話を聞きますが、無理もありません。言語活動場面において、文脈化はおそろしく強力に作用するのです。

ちなみに「学びに向かう力、人間性等」への自覚がたりないまま展開されるアクティブ・ラーニングは、このような犯罪者を養成しかねないことを、深刻に自覚すべきです。

言語活動としてのことばに対する見方・考え方をまとめます。

> 実際に交わされることばの働きを文脈化の視点・観点で捉え、この視点・観点に立ってことばをどう扱えばよいかを考えるための思考の向かい方。

④ 言語作品としてのことばに対する「見方・考え方」

　完成した建物についての見方や考え方は、これまで述べたノミやカンナの見方・考え方とは別の次元にあります。ここで通常求められる視点・観点は、完成した建物がどういう用途で使われるかという点です。たとえば住宅か店舗か、仕事場か宗教施設かなどの違いによって、その建物に対する独特な見方・考え方が決まります。住宅であれば住み心地が見方・考え方の基本です。店舗なら商売のしやすさ、宗教施設なら厳かさなどです。これらにかかわる目のつけどころが対象の見方を形成し、思考の方向性を決定します。

　ことばによって組み立てられ、受け止められる発話や文章なども、基本的に同様です。手紙か広告か、解説か記事かなどの違いによって、ことばをどのように捉え考えていけばよいかが分かれます。ノミやカンナがそうであるように、あるまとまりをもった言語表現（以下、この意味でテクストとします）に向かうとき、使われることばそのものが見方・考え方の対象になることは、通常ありません。対象となるのは、ことばによって示された内容です。新聞広告や理科・社会科などの教科書を思い出せば了解できるでしょう。

　けれども、完成した建物への見方・考え方として、使われたノミやカンナそれ自体への見方・考え方がまったく関与しないかというと、必ずしもそうではありません。なぜならこれらの道具に着目して、目の前の建物を見つめようとする場合があるからです。

たとえば、全国各地には宮大工が精魂を傾けて建てた寺社仏閣があります。そこを訪れて匠《たくみ》の知恵と技術を観察し、いかにして数百年の風雪に耐えるだけの美しさと丈夫さが守られてきたのか知ろうとする人がいます。ハーフ・ティンバーと呼ばれる中世イギリスの建物を探訪して、外壁にむき出しになった黒い柱がどのように組み合わされているのかを、この目で確かめようとする人がいます。かれらにとって建物は、何かに使われる構造体というより、ノミやカンナが使われた作品として存在するはずです。それに対する見方・考え方は、建物の用途ではなく、ノミやカンナによって削り出された結晶としての建築物が語る、知恵と技術に向かうはずです。

とすれば、ことばにも同じことが当てはまるはずです。すなわち、何が表現されているかという目でテクストに向かうのではなく、**どのようなことばの選択と組み立てによってテクストが完成され、その存在価値をもたらしているのか**という目でテクストのことばを見つめるという場合が想定されるのです。実のところ、これが国語科教育で文章や作品を読む学びの本質です。

さて、このような場合を想定すると、詩歌や物語、小説、狂言や落語など、「言語芸術」と呼ばれるテクスト群は、ことばの「匠」によって組み立てられた、典型的な「建物」であることに気づきます。これらはことばの扱われ方そのものが着目すべき対象です。

もとより、これらのテクストにもことばによって組み立てられた内容があります。その内容（たとえば俳句における風物詩の歴史文化的特質）に対する見方・考え方が取りざたされることもあります。しかしその場合でも、我々の関心はどういうことばによってその内容が表現されているかに向かいます。意識の表面に浮かび上がってくる視点・観点は、表現者が用いたことばの技術なのです。この技術を駆使して組み立てられたテクストが、時代を超えて人々に感動や発見をもたらすとき、我々はそれを「古典」と呼びます。

使われたことばそれ自体が着目され主題化されるテクスト、これを総称して「**言語作品**」とします。一つ但し書きしておきますが、言語作品は、そう呼ばれるべきテクストとしてあらかじめ成立しているわけではありません。**あるテクストに向かうとき、そこにおけることばの使われ方が着目され主題化されているもの**をこう命名することとします。

ですから、たとえばテクストが電気製品の広告であっても、キャッチ・コピーがいかに工夫されているのかという観点で読むのであれば、量販店の棚に並ぶパンフレットたちは言語作品と呼ぶべき存在です。逆に、流麗な草書で書かれた俳句や短歌であっても、それを海外へのお土産にもっていく扇子のデザインとして見るなら、言語作品とは呼ぶことができません。

言語作品としてテクスト全体を捉え、そこに求めるべき見方・考え方を見出そうとするとき、我々はどのような原理的考察を必要とするでしょうか。

結論を先に示します。

レトリックとしてことばを捉え、その扱い方、扱われ方を考えること。

レトリック（rhetoric）という用語は、一般には「修辞技巧」と訳されています。和風に言えば「ことばのあや」です。

あるテクストにおいて、表現者は自らの発見や感動や主張を述べるために、適切で効果的な語彙を選び、ことばの組み立て方を工夫します。そこに見出される意匠がレトリックです。そして、そのような視点・観点からテクストに向かうことが、「レトリックとしてことばを捉える」ことです。ただしその視点・観点は、体言止めとか対句、掛詞といった形式的な技法のみではありません。ことばの選択と組み立てにあたって、表現者が意匠を凝らしたと判断される技術のすべてがレトリックです。

どういうことか、具体的な例を挙げて説明します。

大学の授業で、学生たちに教科書教材を使った模擬授業の演習をしたときのことです。太宰治の『走れメロス』を担当した学生たちから、教材研究をしていておもしろい解釈が生まれたという報告がありました。かれらの読みを再現してみます。

この作品の冒頭部には、「メロスは激怒した」という表現と、「王の顔は蒼白で、眉間の皺は、刻み込まれたように深かった」という二つの描写があります。「激怒」と「蒼白」、赤と青とで描かれた二人の登場人物の顔は、結末部分でこういう描写に変わります。

- 暴君ディオニスは、群衆の背後から二人の様をまじまじと見つめていたが、やがて静かに二人に近づき、顔をあからめて、こう言った。
- 勇者は、ひどく赤面した。

二人とも、ある恥ずかしさに顔を赤らめる姿で描かれています。

まず、メロスについて描かれた冒頭部と結末部を比べてみると、「メロスは激怒した」という表現と対の形をなして「勇者は、ひどく赤面した」となっています。怒りの赤から、羞恥の赤へと変化しているのです。赤という色彩は同じですが、冒頭部のメロスは、正義感のもち主ではあるものの、思考が単純です。ところが、結末部分では自分の弱さを自覚した上で、信実を示すための処刑を求める人物に変わっています。メロスの人間的成長がうかがわれます。シラクスに向かう道で疲弊し友を裏切りかけた彼は、そのことを契機にして、本当の信実とはどうすること、どうなることかを悟ったのだと解釈されます。

メロスのイメージに一貫している赤は、彼が太陽と深くかかわる存在であることを示唆しています。メロスがセリヌンティウスを身代わりにして一時帰宅し、シラクスに戻ってくるまでの時間的猶予は、日が沈むまででした。容赦なく沈んでいく太陽がメロスを打ちのめし、奮い立たせ、走らせていたのです。

我が国における太陽のイメージカラーは赤です。作品は、後半に進むにつれてこの色にかかわる描写が増えていきます。メロス自身が太陽に向かい、太陽を追いかけて走る姿が強調されていきます。太陽は、彼の内心にある信実を照らす存在なのです。それゆえ彼は走らねばなりません。太陽が没するとき、彼の信実も死ぬのです。メロスが口にした「何か大きなもの」とは、信実を求める者たちに、その光を届ける使命なのです。

一方、暴君ディオニスは、月夜のような蒼白の顔をもつ人間でした。誰も信じることができない、誰にも信じてもらえない人間です。青という色彩のイメージからうかがわれるように、信実の光で自身を照らす存在と経験の欠如が王の精神をむしばんでいたのです。

それが結末部分では、日没の太陽、すなわちメロスが示した信実を身に浴びながら顔を赤らめ、含羞の表情へと変わる。この赤は、人間的に成長したメロスのそれと同じです。メロスと彼の分身であるセリヌンティウスは、猜疑心のかたまりであった自己から、信実を貫く生き方を望む自己へと、王の人間性を変えたのです。

こうした学生たちの解釈は、色彩象徴というレトリックにもとづいています。文学の色彩表現にはその色彩に埋め込まれた意味がある。そういうものとして作品のことばを捉え、冒頭部と結末部に着目して色彩象徴が意味するものを比べています。

これが、文学という言語作品に対することばの見方・考え方の一つです。

言語作品として文学を捉える場合、そこにおけるレトリックとして最も重要なものは、

「比喩」です。比喩とは次のように定義されます。

言いたい事柄を具体的な何かにたとえることによって、表現効果を期待する技法。

比喩は、伝統的な言語文化では「見立て」と呼ばれます。ほとんどすべての文学には、比喩にかかわるレトリックが使われています。いや、文学そのものが比喩です。

たとえば前述の色彩表現による意味づけは「象徴」と呼ばれる比喩の仲間です。動物や無生物を人間のように扱うのは「擬人法」、擬声語や擬態語を用いて音や様子を表すのは「声喩」、ほかのことにかこつけてある意味をほのめかすのは「寓意」。いずれも文学におけるレトリックとしてよく見ることのできる技法です。その他、諷喩、提喩、換喩など多種多様な技法が比喩に含まれます（中村明『日本語レトリックの体系―文体のなかにある表現技法のひろがり』岩波書店、一九九一年参照）。こうした技法を駆使して、文学は深いメッセージを読者に届けるのです。

もう一つ、文学におけるレトリックとして重要なのは、「省略」と呼ばれる技法です。

次のように定義されます。文芸理論で言う「空所」もこの仲間です。

読者が受け取るべき大切な情報を表現しないことによって、描かれた内容により深い意味をもたせる技法。

省略を最も駆使した文学の一つは俳句です。たとえば小林一茶は夭折した子供への思いを次のように詠っています。

露の世は露の世ながらさりながら

「露の世」とは、朝露の様子をはかなく無常な世の中にたとえた比喩です。「この世ははかなく無常な世だと知っているけれど。知ってはいるけれど」という句意ですが、そのように表現することで、家族に恵まれなかった一茶の、あまりにも幼くして旅だった我が子への思いが読者の胸を打ちます。

小説の省略については、前章で取り上げた『少年の日の思い出』を思い出して下さい。あの作品にも数多くの省略があります。エーミールが「僕」と経験した出来事をどう受け止め、「僕」に対してどのような思いを抱いていたのか、よくわかりません。

このような省略があっても、あの作品が珠玉の文学として結晶している理由は、作品における**語り手の視点**がからんでいます。語り手の視点には次の五種類があります。

- ・一人称視点：「僕・私」などの人称名詞で語り手自身の心理や出来事を描くもの。
- ・二人称視点：「あなた・君」などの人称名詞で主体の心理や出来事を描くもの。
- ・三人称限定視点：第三者の立場からある登場人物の心理や出来事を描くもの。
- ・三人称客観視点：第三者の立場から出来事だけを客観的に描くもの。
- ・三人称全知視点：第三者の立場からすべての登場人物の心理や出来事を描くもの。

三人称全知視点を除き、すべての視点は、その視点からでは描くことのできない要素をもっています。描かれない部分を埋め合わせるのは読者です。その作業が作品に奥行きを与え、読むたびに新たな発見をもたらしてくれるのです。

このように、すぐれた文学作品は、レトリックの結晶と言っても過言ではありません。

それでは記録や報告、評論や論説などの説明的文章には、どのようなレトリックが使われているのでしょうか。

これらの文章は一般に非文学と呼ばれ、読者にある情報を伝えたり筆者の主張に同意を求めたりすることが主なねらいです。一見すると、文学とは対照的な言語作品とみなされがちですが、読者に何らかの影響を与えたいという動機によって記されたテクストとして見れば、共通する部分はたくさんあります。

非文学でも、そこで使われるレトリックの多くは「**比喩**」、言い換えです。

ただしここに言う比喩は、作品に味わいを出すことが目的ではありません。目的は**筆者が伝えたい事柄をより効果的に言い表したり、わかりやすくしたりすること**にあります。そのために、筆者は抽象的で複雑な思考内容を具体的で説得力をもった客観的事実に置き換えます。

たとえば、高等学校の国語教科書がこぞって掲載している山崎正和の『水の東西』は、東洋と西洋の文化がいかに対照的な性格をもっているのか読者に理解させようというのがねらいです。このねらいを実現するために、日本と西洋とで庭園の水の扱い方がどれほど違うかを紹介しています。同じく、各社が取り上げる佐藤信夫の『コインは円形である』

という評論では、物事を多面的に捉える思考こそレトリック認識の極意であるという主張を理解してもらうために、コインは円形だという常識をくつがえす事例を挙げています。

これらの例は一つの客観的事実であって、評論の読解という伝統的な学びでは「根拠」とみなされます。確かに、いずれも筆者の主張を証明するために引用された事実であり、根拠という捉え方は適切ですが、大切なのは、数ある事実の中でなぜこれが選ばれ、どのような効果をねらってテクストの中に取り上げられているかであって、そこに筆者の意匠が凝らされているのです。ちなみに、私が先ほど例に挙げた二つの作品は、いずれも国語教科書に掲載されていることから選ばれています。読者の多くが国語教育にかかわる方々と予測し、なじみのある素材を例に取ったほうが効果的だろうと判断したからです。

比喩というレトリックは、学術論文のような専門性の高いテクストでも使われます。

私の担当した大学院生に渡邉奈央さんという学生がいました。彼女が選んだテーマは、「物語を読み聞かせる際、朗読にＢＧＭを添えると読者の物語イメージはどうなるか」というものです。彼女の仮説はこうでした。

・物語の朗読で聞かせるＢＧＭは、子供たちのイメージ形成に影響を与えるだろう。

彼女はこの仮説が正しいかどうか調べるため、小学三年生を対象に実験してみました。同じ物語を読み聞かせる際に、ＢＧＭを添える学級と添えない学級とを設定し、子供たちの反応を比べるという実験です。その結果、次のことがわかりました。

・心にわだかまりのある登場人物が見た目だけ明るく振る舞っている場面では、暗めのＢＧＭを添えて読み聞かせをしたほうが、より適切に物語イメージを形成する。

・登場人物の心がだんだん明るくなってくることが独白として示されている場面では、ＢＧＭなしで読み聞かせをしたほうが、より適切に物語イメージを形成する。

右の実験結果から、渡邉さんは次のような結論を導きました。

・ＢＧＭは、文章化されていない心理や状況を曲に乗せて示す際には効果的に働くが、登場人物の微妙な心理状態が本文に表されているような場面で使うと、読者に余計な負荷を与えるおそれがある。

彼女は以上のプロセスを修士論文でまとめ、見事、大学院の優秀論文賞の一つに選ばれました。この研究成果は、日本読書学会でも発表されています。

さて、渡邉さんの論文にはどのようなレトリックが使われているでしょうか。それは、彼女が行った**実験の具体的な記述**です。彼女は、実験で子供たちから集めた質問紙に統計処理を行い、因子分析という手法を使って子供たちがどのように物語イメージを形成しているのか調べました。それをグラフや表にまとめて示すことで、一つの実験から得られた事実に信頼性をもたせ、自分の考えを説得力あるものにしようとしたのです。

学術論文では、ある事実に基づいて筆者の論理や見解が示されます。もとより、基づくべき事実には様々な選択肢があります。筆者は、先行研究を参考にして自分の論理や見解を伝えるのに最も適切なものを取り出し、わかりやすく編集して論文に載せます。

取り出す条件は、それが**筆者の考えを矛盾なく伝えるための「たとえ」として効果的であること**です。たとえが十分な信頼性と妥当性をもっていれば、筆者の考えは読者に受け容れられる約束になっています。

このような約束は、文学作品における比喩と同じです。文学では、対象の色彩や行動、情景などを描くことによって、登場人物の心情や関係性を表すことができます。そうした約束が共有されているから、文学は文学として成立するのです。学術論文の世界も、ある事実を示して自分の考えを証明することができる約束が共有されているのです。

非文学の世界でもう一つ重要なレトリックは、「反証」と「ただし書き」です。この二つはセットになっています。次のように定義されます。

反証：筆者が伝えたいことに対して、それとは異なる、あるいはそれ自体を否定する立場からの考察を行うこと。
ただし書き：反証における考察をふまえ、筆者が伝えたいことに対して一定の限定を加えること。

たとえば、先ほどの渡邉さんの論文では、次のような疑問が想定されます。

・導かれた結論は小学三年生に対する実験をもとにしているが、それより年少・年長の子供たちにも同じことが言えるのか。

確かに、彼女の実験は三年生だけを対象にしていますので、右の疑問に対する事実関係は不明です。これを無視して結論を主張しても、実験で得られた事実は不十分と言わざるを得ません。

もとより、筆者もこのことはわかっています。そこで、自ら論文の中でこうした疑問を示し、次のようなただし書きを加えています。

・本研究で行った実験は小学三年生のみを対象としている。そのため、結論がどの年齢幅に適用できるのか解明するには至っていない。この点は今後の課題としたい。

このようなただし書きを添えることによって、論文はより説得力を増すのです。

さて、言語作品についてこれまで述べてきた対象は、言語芸術や書きことばに関連するものです。それでは、日常生活における対人コミュニケーションのような話しことばは、言語作品としてのことばの見方・考え方と無関係でしょうか。
そんなことはありません。
思い出していただきたいのは、第2章で触れた「言語主体」です。そこで述べた内容を再び掲示します。

我々は場面の状況や目的に応じて複数のことばのスタイルをもっており、伝えたい事柄と自分の立場によって使い分けるのです。そしてそれがその人の個性、言語人格として他者に認知されることになります。

人は、社会的存在として生きるとき、生身の身体に様々なことばのスタイル、いわゆるスピーチ・ジャンルをまとっており、そのスタイルが当人の個性、**言語人格**として他者に認知されます。我々は対人コミュニケーションに際して、メッセージの交換のみならず、**相手のことばからにじみ出てくる印象をもとに相手の人間性を理解する**のです。これまでのたとえで言えば、言語主体という個別の「家」に向かうとき、ことばという道具がどのような意匠で使われているのかという視点・観点を通して、その「家」がかもしだす特徴や印象を自覚するということです。

実のところ、対人コミュニケーションの実際場面では、何が語られるかよりも、いかに語られるかのほうが重要な伝達要素となる場合がしばしばあります。たとえば電車の中でイヤホンから音漏れしている人を注意する場面を想定してみましょう。このとき、相手の肩をたたいて「音量を下げてくれませんか」と注意すると、相手から逆ギレされることがあります。どうしてそうなってしまうのか。電車の中という狭い空間で他人からいきなり注意されると、人は自己防衛の反応が過剰に刺激されるからです。そのため、善意で注意しても自分の敵対者と感じ、逆ギレしてしまうのです。こういうことを知らない先ほどの言い方には、本書で言うレトリックがありません。なるほど勇気ある一言ではあっても、相手への不快感がむき出しで、言った本人の言語人格を下げる結果となっています。

それではどう言えばよいのでしょうか。これが正解というのはありませんが、ここでも比喩が威力を発揮します。たとえばそっと肩をたたき、「音漏れしてますよ」とやさしくささやいてみてはどうでしょう。音漏れは一つの事実です。この事実を示すことによって「音量を下げてほしい」という行為を要求するのです。これだと、本人も注意はしていたけれど、ついうっかりというかたちになります。事実を隠喩的な言い回しで知らせること

道具としてのことば
・概念化：ことばは対象を概念に変える。
・線条性：ことばは一本の線をたどる。

言語活動
・文脈化：ことばの伝達意図や意味内容は、場面の脈絡と用いることばの前後関係とによって規定される。

言語作品
・レトリック：遊戯・説得・共感等を目的に、目の付けどころと表現の仕方に工夫をこらしたことばのまとまりである。

によって、相手が自分の意思で音量を下げるという状況が生まれます。伝えた本人の言語人格が敵とみなされる事態は減少し、むしろ親切な人だという印象を与えます。

このような例を見ると、言語人格とは、自らの人柄や印象が期待通りのかたちで相手に届くように、**ことばの選択と組み立てを工夫した結果**ということができます。そしてそれは、言語作品としてのことばがもつレトリックの効果とそっくりです。

本章のまとめを上の図に示します。ことばに対する見方・考え方には、三つの次元がありました。それぞれの次元には特徴的な原理があり、本書ではこれを四大原理にまとめました。

四つというのは少なすぎるという批判があるかもしれません。確かに、国語科とはことばの学びとして世の中のあらゆる物事を見、そこにかかわる教科です。さらには未来の言語文化を創造する教科でもあります。

しかし、それほど多様な学びを要求する教科だからこそ、原理はシンプルなのです。**複雑な仕組みは例外なく、汎用性にすぐれたシンプルな原理によって作動する。**このことを忘れないでください。

おわりに

これまで本書で述べてきたことをまとめます。

○資質・能力とは未来に向かう変容可能性としての学ぶ力である

本書では、資質・能力を次のように定義しました。

資質：基本的に子供たちが先天的に備えている性質や特性として、自ら学びに向かい、人間的に成長するための内面的諸条件。

能力：自ら学びをなし遂げるために獲得され活用されるべき知識及び技能、及び思考力、判断力、表現力等。

子供は幼児の段階で知的好奇心に満ちています。かれらの変容可能性こそが最も重要な学力です。アクティブ・ラーニングとは、子供たちがもっている知的好奇心に火を点け、子供たちがわくわくするような学びです。教師には、子供たちの変容可能性を信じ、長い目でかれらの成長を見つめる姿勢が求められます。挑戦すべき課題や契機がどこにあり、どこに自らの成長が認められるのか、子供たち自身が自らを評価することができるように寄り添うことが大切です。

○「知識及び技能」とは実体験によって培われる測定可能な基盤学力である

ことばの学びにおける知識の根幹は語彙とことばの仕組みです。技能の根幹はことばの選択の仕方と組み立て方の要領です。これらは、どの程度身についているかを測ることのできる要素であり、様々な言語活動で使えるようになっていることが重要です。そのためには、取り立てて学ぶことよりも、実際にことばを使う中でいつの間にか身についているような学びが求められます。

○「思考力、判断力、表現力等」は個別で具体的な言語活動を行う自信と技術である

技術はいわゆるハウ・ツーではありません。未知の状況や困難な事態にみまわれても、自らそれに向かい、対応することへの自信です。そのためには、個別で具体的なことばの学びを通して、課題設定・見通しの把握・事実関係の把握と解釈・感情の自覚などを行い（思考）、それらを評価してできること、すべきことを決定し（判断）、行動として表す（表現）経験を重ねることが重要です。

○「学びに向かう力、人間性等」はよりよく生きようとする態度と習慣である

新しい学びには、知らない・わからない・できないといったストレスが必ずあります。それらを価値あるものと受けとめ、自分や社会をよりよくするための契機にしようとする態度と自覚が、「学びに向かう力、人間性等」の根幹です。このことが子供たちの習慣として身につくためには、温かな人間関係に支えられたかかわりが、広く深く、そして長く続くことが大切です。

○ことばに対する見方・考え方は道具次元・活動次元・作品次元で構成される道具としてのことばに対する見方・考え方は、概念化と線条性という二つの特性を知ることが肝要です。これらの特性を踏まえて、どのような語彙をどのような組み立てで相手に届けたり、相手から受け取ったりすればよいのかを考える際の思考の向かい方が、この次元の見方・考え方です。

言語活動としてのことばに対する見方・考え方は、実際に交わされることばの働きを、文脈化の視点・観点で捉えることが肝要です。この視点・観点に立ってことばの扱い方を考え、実際に活動として実践するための思考の向かい方がこの次元の見方・考え方です。

言語作品あるいは言語人格としてのことばに対する見方・考え方は、レトリックとしてことばを捉え、その扱い方、扱われ方を考えることが肝要です。対象を一つのまとまりをもった作品あるいは人格として見るとき、その主体が、ことばによって世界をどのように捉え、自らのメッセージや人柄をどのようなことばに乗せて届けているのか、ここに注目して対象と向かい合う際の作法が、この次元の見方・考え方です。

本書の考察は、著者の実践と研究から導かれたものであり、必ずしも行政が示す考え方とは一致していません。読者のみなさんの中にも、ここまで言い切っていいのか違和感を抱いた方も、あるいはおられるかもしれません。それを承知で、あえてそれぞれの用語をはっきりと定義し、それに伴う学びのあり方を具体的に述べてきました。本書を批判的に読みながら、これからのことばの学びを展望するための契機にしてください。

本書の刊行にあたっては、明治図書出版の林 知里さんにお世話になりました。林さんの言語人格の一つは、「相手をほめてそのよさを発揮させる達人」です。ずいぶん高い木に登ってしまったのではないかとやや恥じらいを感じつつ、記して御礼申し上げます。

本書で掲示した車や大工道具、建物などのイラストは、信州大学教育学部の堤 春菜さんに描いていただきました。これも記して御礼申し上げます。

なお、本書で述べた内容の一部はリクルート社の「スタディ・サプリ for teachers」に私の動画として取り上げています。参照していただければ幸いです。

二〇一八年六月

藤森ゆうじ

【著者紹介】

藤森　裕治（ふじもり　ゆうじ）

信州大学教育学部教授

筑波大学卒業，上越教育大学大学院修士課程修了

博士（教育学，2008年，筑波大学）

東京都立高等学校教諭を経て，現職

著書に，『授業づくりの知恵60』（明治図書出版，2015年）『対話的コミュニケーションの指導』（明治図書出版，1995年），『死と豊穣の民俗文化』（吉川弘文館，2000年），『バタフライ・マップ法』（東洋館出版社，2007年），『国語科授業研究の深層』（東洋館出版社，2009年）『すぐれた論理は美しい』（東洋館出版社，2013年）等

[本文イラスト] 堤　春菜

学力観を問い直す
国語科の資質・能力と見方・考え方

2018年7月初版第1刷刊 ©著　者　藤　森　裕　治
2019年7月初版第2刷刊　発行者　藤　原　光　政
発行所　明治図書出版株式会社
http://www.meijitosho.co.jp
(企画)林　知里（校正)広川淳志・杉浦佐和子
〒114-0023　東京都北区滝野川7-46-1
振替00160-5-151318　電話03(5907)6703
ご注文窓口　電話03(5907)6668

＊検印省略　組版所　株　式　会　社　カ　シ　ヨ

Printed in Japan　ISBN978-4-18-031029-6

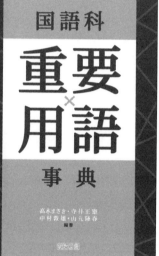

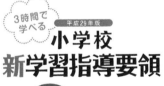

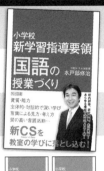